Ursula von Mangoldt
Wer bin ich?

Band 626, 160 Seiten, 2. Auflage

Zeige mir deine Hand – und ich sage dir, wer du bist! In diesem Satz könnte man die Antwort zusammenfassen, die die Autorin auf die Titelfrage ihres neues Taschenbuchs gibt. Eine eigenartige Antwort; denkt man doch bei dem Stichwort Handlesen zunächst an das unseriöse Orakeln, das gerne den Zigeunern zugeschrieben wird. Bei der Handdeutung, die Ursula von Mangoldt in dem neuen Herderbücherei-Band erläutert, handelt es sich jedoch um eine wohlbegründete Methode, für deren Seriosität der Freiburger Parapsychologe Hans Bender in einer Einleitung bürgt. Er selbst hat bei den vielen Experimenten mit der Autorin zusammengearbeitet und festgestellt, daß sich aus der Hand sehr viel mehr über den Menschen, seine Anlagen, seinen Lebens- und Schicksalsweg herauslesen läßt als aus standardisierten psychologischen Tests. Freilich muß man das Handlesen lernen wie jede Kunst, muß sich mit der Sprache der Linien und Formen vertraut machen und einen Blick für den Gestaltzusammenhang gewinnen. Dazu bietet das vorliegende neue Taschenbuch eine vorzügliche Anleitung.

Reutlinger Generalanzeiger

in der Herderbücherei

Ursula von Mangoldt
Lebensmut gewinnen

Band 602, 128 Seiten, 3. Auflage

In jedem Menschen stecken ungeahnte Kraftreserven. Sie freizusetzen bedarf es keiner komplizierten Übungen. In kleinen Schritten und Entschlüssen kann man genügend Lebensmut gewinnen, um mit dem Einerlei des Alltags, mit der Erfahrung der Einsamkeit, mit Depressionen und Schicksalsschlägen fertig zu werden. Die Autorin schildert an vielen Beispielen, wie man in jeder Situation den meist verschütteten Weg nach innen wieder finden kann. Viele Fluchtwege werden heute angeboten. Sie führen nicht weit. Die Lösung unserer Lebensprobleme liegt in uns selbst – eine befreiende Erfahrung, die sich dem Leser dieses Taschenbuches von Seite zu Seite mitteilt.

in der Herderbücherei

Herderbücherei

Band 705

Über das Buch

Eindrücke stürzen unablässig auf uns ein und zwingen uns zu reagieren. Nichts ist daher für den modernen Menschen notwendiger als eine freiere Einstellung zu gewinnen gegenüber den bedrängenden Fragen unserer Zeit. Das bedeutet zum Beispiel, die Angst vor dem Altwerden aufzugeben und dem Glücklichsein als einer großen Lebenskraft im eigenen Alltag mehr Raum zu schenken, vor allem aber: gelassen zu werden. Gelassenheit ist alles andere als eine „Alterstugend“ oder gar eine „verkappte Resignation“. Jeder Mensch braucht sie, kann sie lernen und üben. Dieses Taschenbuch zeigt es.

Über die Autorin

Ursula von Mangoldt, Dr. theol., geboren in Berlin 1904, war verheiratet mit dem 1971 verstorbenen Wirtschaftsdiplomaten Dr. H. K. von Mangoldt. Sie bestimmte von 1945 bis 1972 als Gesellschafterin die Richtung des O. W. Barth Verlages, Weilheim (Obb.), und gibt seit eineinhalb Jahren die Zeitschrift „Meditation“ im Christianopolis-Verlag in Säckingen heraus. Neben Beiträgen für Zeitschriften und Rundfunk übersetzte und schrieb sie zahlreiche Bücher. Sie hat schon vor Jahrzehnten das Gespräch zwischen westlicher und östlicher Spiritualität eingeleitet und sucht in ihren Arbeiten den Menschen Hilfe für ihr Leben zu geben.

Ursula von Mangoldt

Das Glück der Gelassenheit

Lebenserfahrungen

Herderbücherei

Originalausgabe
erstmals veröffentlicht als Herder-Taschenbuch

1. Auflage Februar 1979
2. Auflage September 1980

Herder Freiburg · Basel · Wien
Herstellung: Freiburger Graphische Betriebe 1980
ISBN 3-451-07705-1

Inhalt

Glück der Gelassenheit

Wenn man von Gelassenheit spricht und dieses Wort in sich nachklingen läßt, dann liegt ein Unterton von Glück darin und die Hoffnung, Streß, Unzufriedenheit und Überforderung des technischen Leistungssolls überwunden zu haben. Doch wenn wir uns weiter überlegen oder darüber nachsinnen, was Gelassenheit ihrem Ursprung nach bedeutet, dieser Begriff, der so lange vergessen wurde, daß er heute wie ein neugefundenes Modewort in Radio und Zeitschriften wieder an die Oberfläche drängt, dann erkennen wir erst, wie schwer seine Definition ist.

Gelassenheit ist nicht, wie leichthin angenommen wird, ein Abstandnehmen von Ereignissen, Dingen und Emotionen, das uns nicht nur eine freiere Haltung gegenüber den bedrängenden Fragen von Alter, Sorgen, Ungerechtigkeit und Unglück, sondern auch dem Zeitgeschehen gegenüber gewinnen läßt. In diesem Sinn würde sie viel zu schnell zu Interesselosigkeit und Teilnahmslosigkeit führen und nicht zu der ausgleichenden und harmonisierenden Eigenschaft, die ihre aktive Seite ist.

Wer sich aus dem Zeitgeschehen und aus den Ungerechtigkeiten und Grausamkeiten herausstellt und in Distanz zu ihnen bleibt, ist nicht gelassen, sondern kalt und unberührt bis hin zur Unmenschlichkeit. Und vielleicht ist gerade diese das Maß des Menschlichen übersteigende

Grausamkeit und Bosheit Ausdruck der Entfremdung von dem, was Gelassenheit als positives Verhalten in einer rationalen nüchternen und gefühlsfremden Welt noch Heilsames beitragen könnte.

Die Stoiker des 3. und 2. Jahrhunderts vor Christus, deren bedeutendste Vertreter unter anderen Zeno, Seneca, Marcus Aurelius waren, nannten den Menschen gelassen, der sich selbst lebt in Ausgeglichenheit von Seele, Leib, Geist und im Einvernehmen mit der Weltvernunft, der er sich unterstellt. Der Kaiser Marcus Aurelius formuliert diese Gelassenheit in dem Satz: „Was die Natur bringt, mußt du nehmen, und wenn du verstehst, was dir vom Kosmos zugewiesen ist, dann bist du ruhig." Solches Verstehen ist kein Denkakt, sondern entstammt der Weisheit, die Marcus Aurelius in die Worte faßt: „Lasse gewähren, halte dich fern." „Lasse gewähren" ist ein Gedanke, der in der chinesischen Lehre des Tao erfahrbare Wirklichkeit ist und Sinn wie Ziel der menschlichen Haltung bestimmt. Von der stoischen Lehre aus gesehen, ist Gewährenlassen das Zusammenwirken von Tugend und Wissen, die der ethischen Haltung des Menschen zugrunde liegen und Tun und Leben in Einklang mit den Werten von Gutem, Gerechtem und Schönem bringen.

In der kosmischen Einheit ist der Mensch der vorrationalen Zeiten mit seinem Handeln und Sein, mit seinem Wissen und Leben noch so stark der Weltvernunft eingeordnet, daß er nicht den Abstand zwischen Gelassenheit und dem übrigen Tun und Verhalten kennt. Kein Teil fällt aus dem Zusammenklang zwischen den ethischen Tugenden und dem Wissen um sie heraus, ohne daß das ganze Weltgefüge zusammenbricht. Das stoische Lebensprinzip ist das ethische Handeln. Ein Lehrgebäude von Wissen darüber zu errichten würde die unmittelbare Harmonie des „Lasse gewähren“, die Einheit von Seele, Leib und Geist zerstören.

Als Sokrates nach seiner Verurteilung seine Freunde und Schüler fortschickte, um den Giftbecher zu trinken, sprach er in einer Gelassenheit, die das Unvermeidbare geschehen ließ: „Jetzt ist es Zeit, daß wir von hinnen gehen. Ich, um zu sterben; ihr, um zu leben. Aber wer von uns dem besseren Los entgegengeht, weiß keiner außer Gott.“

Wenn man sich fernhält von einer positiven oder negativen Einstellung und die Dinge gewähren läßt, wie sie kommen und gehen, dann ist dies die stoische Haltung, die jedem ein gleiches Maß zuteilt und die nichts festhält, sondern alles im Fluß läßt. Dem Buddhisten und Chinesen ist dieses Gewähren ohne Widerstand ein Freisein von allen Bindungen und ein Sicheinfügen in das Sein der Buddhanatur oder Weg und Ziel des Tao. Für den Abendländer aber, der in Gegensätzen lebt, denkt und Stellung bezieht oder Entscheidungen trifft, ist das Prinzip des Lebens ein anderes. Er sieht die Welt als einen Schauplatz zwischen dem Guten und Bösen, zwischen Licht und Finsternis und nicht als kosmischen Einklang.

Auf dem Kampfplatz des Lebens hat der Mensch eine bestimmte Rolle zu spielen und kann diese mit Gelassenheit ausführen. Bei ihr kommt es auf die innere Einstellung des einzelnen an, nicht auf den Einklang mit der Weltvernunft. Die Gelassenheit, die ein Mensch in seinem Tun und Erleben bewahrt, ist kein fragloses Annehmen des Allgemeingeschehens, sondern eine ausgeglichene Haltung in Bejahung oder Ablehnung.

Wir würden heute nicht soviel von Gelassenheit sprechen, wenn sie uns vertraut wäre – nicht als Denk- und Willensakt, sondern als seelische Einstellung, zu der wir am leichtesten durch fernöstliche Lehren angeregt werden.

Für den Schüler des Tao ist Gelassenheit das menschliche Mitschwingen mit dem natürlichen Lauf der Dinge und der Einklang mit dem geistigen Weg des Tao, das ohne Unterschiede und ohne Bezeichnung ist. Jedes Ding hat ein inneres Wesen, und wer dieses in einem vollkommen ruhigen Gemüt erfaßt, bringt seine eigenen Fähigkeiten unmittelbar mit den Gegenständen und Bewegungen in Beziehung und schwingt mit in ihrem Rhythmus.

Die Schüler des Tao wie des Buddhismus sind in ihrer Wesensart und rechten Lebensführung eins mit der Allnatur und können die Kräfte des Weltalls in Anspruch nehmen. Wer sich gelassen und umsichtig verhält, meistert die Grundprinzipien und Ereignisse, denen er begegnet, und fügt in diesem Einklang keinem Menschen und keinem Ding Schaden zu; ebenso wird er selbst nicht Schaden erleiden.

Laotse schildert den Erwachten, der auf dem Weg des Tao Gelassenheit übt:

„Er wirkt, ohne zu werken.
Er sagt, ohne zu reden.
Er trägt alle Dinge in sich zur Einheit beschlossen.
Er erzeugt und besitzt nicht.
Er vollendet Leben, beansprucht nicht Erfolg.
Weil er nicht beansprucht, erleidet er nie Verlust."

(Tao Te KingII)

Eine Meditationsübung aus dem frühen Taoismus, das Tai Chi, kann uns diese Worte in Schwingung übertragen. Diese Meditation in Bewegung, die sich dem Lauf der Natur anpaßt, läßt den Menschen seine Kraft und eigene Form verspüren. So kann er sein Leben bestimmen, sein Handeln und die Kontakte zum anderen. Er steht im

„Fluß des Lebens". Die Grundidee des Tao ist Herstellung des Einklangs mit allem Leben.

Chang Ian Fang, ein Mönch, der vor tausend Jahren in China lebte, soll durch Beobachten eines Kampfes zwischen einer Schlange und einem Kranich zu den Tai-Chi-Übungen inspiriert worden sein, die er lehrte. Er war fasziniert von der Geschmeidigkeit und Beweglichkeit der Schlange, die dem Kranich mit ihrem unaufhörlichen Spiel des Annäherns und Ausweichens überlegen blieb. Der viel stärkere Kranich konnte nicht gewinnen.

Chang erkannte in dieser Auseinandersetzung das Spiel der Gegensätze von Yin und Yang, das Urprinzip des Tao, die Weisheit, daß das Weiche das Harte überwinden kann und dem Harten nicht unterliegt. Die gleiche Bewegung liegt im Biegen der Weidenzweige, die vom Wind nicht geknickt werden.

In vielfältigen Beispielen wird die Gelassenheit des Chinesen geschildert, des Weisen wie des Bauern, die in allen erfreulichen wie schmerzhaften Wechselfällen des Lebens immer gleichmütig bleiben und ihre Gelassenheit nie verlieren.

Der Zenmeister Eugen Herrigel bezeichnet in seinem Nachlaßwerk „Der Zenweg" die Gelassenheit als eine „in ihren Grundzügen erworbene, dann aber in Vollendung geschenkte Verfassung". Ist sie einmal erworben, dann wird der Erleuchtete sie nicht mehr verlieren, denn sie ist die allen innewohnende Wesenshaltung.

Die Gelassenheit lebt das Heute und kümmert sich nicht um das Morgen. „Im Heute versucht der Mensch, was immer er tut, mit Gelassenheit zu verrichten", ist ein buddhistischer Spruch.

Wenn wir diese Haltung in unsere westliche Lebenseinstellung übertragen, brauchen wir viel Zeit und Geduld, um gelassen zu werden: eine Zeit, die, im psychologischen Sinn, nicht weitergeht und das Morgen erwartet, und eine Geduld, die durchhält, auch wenn die Dinge nicht so verlaufen, wie man erwartet.

Wie wenig eine solche geduldige Gelassenheit dem Abendländer vertraut ist, beweist unsere Beziehung zur Zeit. Der Mensch der Industriegesellschaft und des Leistungssolls nimmt sich nicht die Freude zum Ausspannen, die Muße der nicht geplanten Freizeit und den zweckfreien Genuß im Betrachten von Kunst und Schönheit.

Sicher würde mancher Fehler vermieden und manche Ungewißheit nichtig, wenn der Mensch sich Zeit zur Besinnung ließe und nicht auf alle Anregungen unmittelbar reagieren würde. Einer Frau, die viel zu schnell auf Äußerungen ihres Mannes reagierte und ihre Opposition einsetzte, wurde der Rat gegeben, vor ihrer Antwort ein Glas Wasser zu trinken. Die Ruhe war wiederhergestellt und die kleine Atempause zur Besinnung ermöglicht. Jeder kann beobachten, wie eine überstürzte Handlung oder unbedachte Reaktion einen mechanischen Prozeß auslöst, der von keiner Einsicht oder Denkpause mehr unterbrochen wird.

Wer gereizt, gehetzt und von Zeitmangel bedrängt ist, kann sich den Dingen und Erlebnissen, den Gefühlen und Impulsen, aber auch den Mitmenschen nicht öffnen, kann die schwierigen Lebensstationen nicht in richtiger Weise ausgleichen, bewältigen oder auch Nachsicht üben. Langmut aber, die eine Voraussetzung der Gelassenheit ist, nimmt sich die Zeit, zurückzuschauen nach dem, was sich in einer vergangenen Situation ereignet hat, und hat zugleich den Mut, für die Zukunft eine wohlüberdachte Entscheidung zu fällen, eine verpaßte Gelegenheit wieder aufzugreifen und neu zu lösen.

Der Mangel an Zeit verhindert das Nach- und Mitschwingen und die Möglichkeit, Erfahrenes ausklingen zu lassen. Es bedarf der Zeit, um Eindrücke aufzunehmen, etwas zum Blühen zu bringen und im Schönen und Guten zu verweilen. Die vergehende Zeit kann sich im Heute sammeln und verwandelt dem Morgen übergeben werden, wenn der Gelassene nicht nach der Uhrzeit rechnet und sich die Spanne Zeit, die ihm zur Verfügung steht, nicht bedrängen oder verplanen läßt. Gelassenheit muß nicht nur in großen und wichtigen Dingen gewahrt werden, auch schon im Kleinen und Geringen ist diese Einstellung zu lernen und zu üben. Hat sogar ein Zenmeister einmal seine Geduld und Gelassenheit verloren und, wie es Herrigel schildert, eine Tür laut zugeschlagen, dann wird er zurückgehen, sie wieder öffnen und leise schließen mit einem Wort der Entschuldigung.

Eines Tages besuchte ich Herrigel, der wie ein Zenmönch in einem kleinen Zimmer lebte. Er war wie immer sehr still und von jener bewundernswerten Gelassenheit, die den Besucher in eine beglückende Atmosphäre der Entspannung versetzte. Er hatte kurz zuvor einen Brief, den er erhalten hatte, mit Ungeduld geöffnet und meinte, er würde nun einige Wochen lang keinen Umschlag mehr aufmachen. Es lag weder ein Vorwurf noch eine Ungehaltenheit in dieser Feststellung, es war nichts anderes als die Wiedergutmachung einer übereilten Handlung.

Die Gelassenheit des Zenmeisters erfuhr Herrigel das erstemal bei einem Treffen mit japanischen Kollegen. Es fand im fünften Stock eines Hotels statt. Herrigel war in ein Gespräch mit einem Zenmeister vertieft. Plötzlich hörte man ein tiefes Grollen, und immer deutlicher wurde ein Schwanken, Knistern und Wanken von Gegenständen. Die Gäste drängten sich in überstürzter Eile an die Treppen und Lifts. Ein Erdbeben war ausgebrochen, vor dem sich auch Herrigel ins Freie retten wollte. Er forderte seinen Kollegen, einen Zenbuddhisten auf, ihm zu folgen. „Da bemerkte ich zu meinem Erstaunen, daß er unbeweglich dasaß, die Hände verschränkt, die Augen nahezu geschlossen, als ginge ihn das alles gar nichts an. Nicht wie einer, der noch unsicher zaudert oder sich noch nicht entschieden hat, sondern wie einer, der ohne Hin oder Her etwas ganz Selbstverständliches tut oder nicht tut." Trotz seiner Angst blieb Herrigel stehen und nahm ihm gegenüber wieder Platz. Er starrte ihn wie gebannt an, als könne ihm nichts geschehen. „Als das Erdbeben vorüber war – es soll ziemlich lange gedauert haben –, fuhr er an derselben Stelle fort, an der er das Gespräch unterbrochen hatte, ohne das, was geschehen war, auch nur mit einem Wort zu streifen."

In der Kunst des Bogenschießens lernte Herrigel ein von allen Bindungen befreites Gelassensein, das ebenso in anderen Übungen, wie Tuschezeichnen, Malen oder Blumenstellen, auch in der Teezeremonie, geübt wird. In diesen Künsten wird nichts Eigenes mehr vollbracht, sondern dem Vollzug des Absoluten der Weg in williger Gelassenheit freigegeben.

Als Herrigel sich einer schweren Nierenoperation unterziehen mußte, verweigerte er Narkose und Betäubungsmittel. Er schrieb einmal: „So wie ein Kirschblütenblatt im Strahl der Morgensonne zur Erde gleitet, so heiter schimmernd muß sich der Furchtlose vom Dasein lösen können, lautlos und innerlich unbewegt." Diese Worte wurden Symbol seines eigenen Sterbens, in dem sein Leben – nach den Worten seiner Frau – wie eine Schneeflocke verging.

Die Übungen des Zen bezeugen eine Gelassenheit, die

nicht ein passives Hingeben oder Fallenlassen ist, sondern konzentrierte Gesammeltheit, Schau und Besinnung, in denen das Ich ohne Zweckhaftigkeit oder Absicht dem Absoluten seinen Weg freigibt.

Zenerzählungen schildern das Gelassensein als ichloses Freigeben in schwereloser Unbelastetheit. Ein Beispiel gibt die Geschichte der beiden Mönche Tanzan und Ekido: Die Mönche kehrten bei Anbruch der Dunkelheit in ihr Kloster zurück. An einem Fluß trafen sie ein sehr hübsches Mädchen, das verzweifelt den Strom zu überqueren suchte. Ohne anzuhalten, trug es Tanzan über den Fluß, setzte es wieder ab und ging weiter. Ekido war wütend, entsetzt und bestürzt: „Wie hast du es berühren und in den Arm nehmen können", warf er Tanzan vor und erinnerte an die Mönchsregeln. Den ganzen Heimweg murrte er vor sich hin. Endlich drehte sich der andere zu ihm hin, als koste es ihn große Anstrengung, die Gedanken auf die Erde zurückzuziehen. „Ach, das Mädchen! Ich ließ es am Fluß zurück. Trägst du es noch?"

Dem Abendländer ist eine unreflektierte Reaktion wenig vertraut. Meist sind wir durch Ereignisse belastet, grübeln und denken über Aufgaben und Probleme des Lebens nach, anstatt sie ganz einfach in den natürlichen Verlauf des Daseins einzulassen und sie dem Kommen und Gehen, dem Sein und dem Werden anheimzugeben.

Eine Entsprechung zu diesem „Fließen mit dem Augenblick" können wir noch in der natürlichen Haltung und im Gang einer werdenden Mutter beobachten. Ihre Gedanken, Gefühle und Kräfte sind auf die Entfaltung des neuen Lebens gesammelt. Vieles ist unwesentlich geworden und belastet Körper wie Seele nicht mehr, um das neu Aufblühende nicht zu behindern.

Vom Natürlichen aus betrachtet, ist die Gelassenheit,

die sich nur dem kommenden Leben öffnet, um dieses in Einklang mit seiner Entfaltung zu halten, diese mütterliche Gelassenheit, die auch nach der Geburt das Kind schützend umgibt, Symbol einer nicht durch Denken, Überlegen, Unruhe oder Zweifel belasteten Geborgenheit und Anwesenheit. Das schöpferische Leben ist am Werk und schafft sich seinen Durchbruch. Die Mutter, die mit ihrem Kind Zwiesprache hält und ihm ihre Hoffnung und das Vertrauen auf das Leben mitgibt, lebt in einer innerlich gelassenen Geborgenheit.

Um diese vertrauende oder auch heitere, unbeschwerte Gelassenheit leben zu können, muß man von einem Stand ausgehen, der tragfähig ist. Dieser ist das innere Wesen, das bejaht und angenommen wird.

Wenn man älter wird, ist dies verständlicher als in der Jugend, wo man noch sucht und sich hin und her getrieben fühlt, nicht wissend, wohin man wirklich gehört. Im Lauf des Lebens wird der Mensch ruhiger und sucht nicht mehr so vieles, es sei denn, er stelle übermäßige Ansprüche und hätte niemals genug bekommen, um zufrieden zu sein und einen festen Stand einzunehmen.

Dies bedeutet, daß man sich selbst finden und wissen muß, wer man ist. Auf dem Weg zur Selbsterkenntnis werden manche Wünsche und Forderungen abgebaut, und das innere Leben wird gestärkt und gefestigt. Es handelt sich hierbei nicht um eine Selbstverwirklichung, die selten der egoistischen Züge entbehrt, sondern um die Selbstfindung, um das innere Erkennen: Wer bin ich, und wie kann ich die Möglichkeiten ausloten, um ich selbst zu sein?

Am leichtesten vollzieht sich diese Erkenntnis, wenn man an seine Grenzen kommt, wenn man sich zugesteht, daß gewisse Begrenzungen einem jeden Leben gegeben sind und man diese nur überschreiten kann, wenn man das

Wagnis eingehen will oder den Mut hat, negative Rückschläge zu ertragen. Will man nicht in ein Unmögliches ausbrechen, sondern das dem Menschen noch Mögliche vollbringen, kann dies zu der heiteren Gelassenheit führen, von der Kleist spricht. Er nennt sie Anmut, „Grazie", die Harmonie zwischen Körper und Geist.

Meist ist die Gelassenheit nicht angeboren, sondern wird im Lauf des Lebens erworben, erlitten oder erkämpft. Sie besteht aus einer Überlegenheit des Geistes über den Körper. Dieser wird nicht unterdrückt oder gezwungen, aber der Mensch stellt sich freiwillig in den Dienst der „heiteren Gelassenheit" und vertraut, daß er in seiner leib-seelischen Einheit beschützt und geführt wird.

Ein junger katholischer Priester, Martin Gutl, spricht von der Gelassenheit, die aus Vertrauen entsteht, wenn der Mensch nicht mehr in der Einsamkeit steht, wenn er eine Antwort empfängt auf seinen Verzweiflungsschrei:

„Wie lange muß ich schreien,
bis einer mich hört,
bis einer aufwacht und mehr tut
als bloß bedauern?"

Die Antwort gibt Gutl in den Versen:

„Jemand hat zu mir gesprochen
und nicht an mir vorbei.
Jemand hat sich mit mir eingelassen
und nicht das Risiko gescheut.
Jemand hat mir zugehört
und nicht auf die Uhr geschaut.
Jemand hat sich mir zugewandt

und nicht ungeduldige Augen gemacht.
Jemand hat mich mitgenommen
und nicht sitzen lassen.
Jemand hat sich helfen lassen
und nicht stolz abgelehnt.
Jemand hat sich als Christ bewährt."

Aus: Josef Dirnbeck/Martin Gutl, Ich begann zu beten. Texte für Meditation und Gottesdienst, 4. Auflage 1977, Verlag Styria, Graz-Wien-Köln.

Das griechische Wort pistis, Vertrauen, ist das gleiche wie Glauben, und ein Mensch, der im Glauben gründet, lebt aus einer Tiefenschicht, die er meist erst berührt, wenn er von Schmerz oder quälender Sorge bedrückt ist. In dieser Tiefenschicht findet er seine Gelassenheit. Vergleichen wir die Gelassenheit mit der Windstille im Zentrum eines Taifuns, um das die Luftwirbel des Orkans peitschen. In diesem einzigen Ort der Mitte, an dem er steht, herrscht Ruhe. Das ist die Kraft der Gelassenheit.

Wir können auch das Bild der Radnabe nehmen, um die die Speichen des Rades sich drehen. In der Radnabe steht der Gelassene, um den die Welt sich dreht. Er bleibt innerhalb der Welt, inmitten von ihr, und doch nicht von ihr berührt.

Nach dem Wort des griechischen Abtes Theophanes aus dem 8. Jahrhundert ist der Mensch mit einer „Geigensaite zu vergleichen, die auf einen Ton abgestimmt ist". Niemand hat den gleichen Ton, ebenso wie kein Mensch den gleichen Namen hat. Dieser Klang ist voll und tragfähig, kann aber auch zart und verletzbar sein. Der Mensch muß ihn finden und im Inneren zum Klingen bringen. Eine Entsprechung zu diesem Ton der Geigensaite ist im sichtbaren Bereich der Ton eines Gongs aus dem Urwald. Wird er angeschlagen, kann er einen Menschen so stark in Schwingung bringen, daß dieser in Verzückung oder an den Abgrund des Wahnsinns gerät.

Wer die rechte Geigensaite, von der Theophanes spricht, in sich zum Tönen gebracht hat, wird Harmonie und Gelassenheit erfahren. Es wird aber vieler Versuche, Fehlschläge und Hoffnungen bedürfen, bis er den Ton gefunden hat, auf den er abgestimmt ist. Dieser entspricht nicht nur seinem Wesen und seinen Eigenschaften, sondern auch seiner Lebenssituation und dem Schicksal, das ihn trifft. Unser Wesenston ist unsere Mitte und schwingt in uns.

Auch das Schicksal ist auf den Ton meines Lebens abgestimmt und gehört wesentlich zu mir. Die Annahme und Bejahung meines Schicksals macht mich frei und bereit. Ich bin offen und gelassen, es anzunehmen, und ich setze nicht unnötig Kräfte der Abwehr und des Widerstandes dagegen.

Der französische Mystiker René Guénon, der zum Sufitum, der islamischen Esoterik, übergetreten war, bat seine Frau, als sich die Stunde seines Todes nahte, sie möge nach einem alten Ritual in sein Sterben einwilligen. Da sie ihr Ja gesprochen hatte, war er zum Sterben bereit.

Der Gelassene ist von nichts mehr belastet und gestört. Er steht nicht mehr inmitten von Gefühlen, Gedanken und Ereignissen. Er will nichts mehr, plant nichts mehr, er ist leicht geworden wie die Kirschblüte, von der Herrigel sprach. Dieses Leichtsein hat aber nichts zu tun mit Besitz oder Verlust, mit Gewichtigkeit oder Bedeutungslosigkeit. Es kann den Reichen oder den Armen treffen.

So gibt es eine indische Erzählung, nach der ein König in stiller Gelassenheit den Brand seines Palastes miterlebt und nichts zu retten suchte. Ein Mönch dagegen, der bei ihm zu Besuch war, um ihn in die Lehre Buddhas einzuführen, lief eilends in den Palast, um seine karge Habe zu retten.

Dieses kleine Beispiel soll zeigen, daß Gelassenheit nicht eine Tugend oder ein soziales Verhalten ist, sondern eine innere Einstellung, die in allen Wechselfällen des Lebens und unter den schwersten Schicksalsschlägen unbewegt und unberührbar bleibt.

In der Bhagavadgita, dem heiligen Heldenepos des Hinduismus, wird solche Gelassenheit beschrieben als „Beständigkeit in Glück und Leid, ohne Angst und Sorgen, nicht strebend nach Erfolg, nicht abhängig von gewohntem Tun, weder erfreut noch bekümmert, weder klagend noch begehrend, verzichtend auf glückverheißende als auch auf ungünstige Dinge“. Und es heißt von einem solchen gelassenen Menschen, er habe keinen Besitzanspruch und sei frei von Ichsucht, ausgeglichen in Glück und Leid, nicht von Angst beunruhigt und ohne Sorgen. Freund und Feind gleichgesinnt, von Ehre und Schmach, Hitze und Kälte, Glück und Leid, Ruhm und Schande unberührt, mit allem zufrieden (vgl. Kap. 12). Wenn die Gelassenheit die Mitte zwischen den Gegensätzen des Lebens hält, dann strahlt sie gelöste Schönheit und Anmut aus.

Eines der vollkommensten Beispiele solcher entspannten Gelassenheit ist die Mona Lisa. Ihre Hände liegen gelöst aufeinander in ihrem Schoß. Sie halten nichts und klammern sich an keinen Gegenstand. Ihr ganzes Wesen ist gelassen. Doch liegt eine Lässigkeit in diesem Loslassen, sie hat den Raum um sich und in sich freigegeben. Ihr Mund mit dem geheimnisvollen Lächeln vermittelt, ebenso wie der Blick der Augen, einen Schimmer heiterer Gelassenheit.

Sie ist mit sich selbst in entspannter Harmonie und

strahlt eine seelische Souveränität aus, die nichts mehr von den Niederungen des Lebens weiß. Den Menschen und der Welt zugewandt, wird sie doch nicht von ihnen belastet. Das äußere Geschehen berührt sie nicht, die inneren Gefühle sind besänftigt. Die Schönheit des Seins schließt auch den Hintergrund mit seinen Bergen, Ebenen und Wassern ein. In der Gelassenheit liegt die Schönheit von Leib und Seele, ohne Besitzwillen oder Machtanspruch.

Ich kenne eine ältere Frau, die zu den wenig wirklich meditierenden Menschen gehört und die in einer Stille und Gelassenheit lebt, die durchsichtig geworden ist auf den geistigen Hintergrund. Meist leitet sie Tagungen für Jugendliche, die sich unter ihrem Einfluß öffnen, stille werden und sich angenommen fühlen. Das macht sie gelassen und frei.

Ich kannte noch einen anderen Menschen, dessen Gelassenheit seine Umwelt in starker Weise beeinflußte, einen Mann, der seiner Stellung nach in Streß und steter Anforderung hätte leben müssen. Er besaß die Fähigkeit, Unwesentliches vom Wesentlichen zu unterscheiden, und stand den äußeren Ereignissen wie inneren Erfahrungen in wachsamer Distanz gegenüber, die weder Überschätzungen noch Unterbewertungen zuließ.

Für jeden Menschen, der etwas Ernsthaftes von ihm wollte, hatte er Zeit, und wenn er in einen Raum trat, war er so gegenwärtig und gesammelt, daß er alles Nebensächliche oder Ungute zu vertreiben schien.

Der heilige Maximus, ein orthodoxer Mönch aus dem 6. Jahrhundert, nannte Gelassenheit „den befriedigten Zustand der Seele, der bewirkt, daß sie nicht vom Bösen bewegt werden kann“. Wohl herrschen noch dunkle Mächte und beunruhigen die Seele, aber „ihre Unbeweglichkeit wird nicht mehr von den Krallen der Leidenschaft angegriffen".

Ein klassisches Beispiel für die Gelassenheit der Seele ist Iphigenies Haltung in Goethes Drama. Nach alten Sagen wurde Iphigenie, die Tochter des Agamemnon, von ihrem Vater der Göttin Diana geopfert, damit die griechische Flotte gegen Troja ausfahren konnte. Artemis – Diana – aber rettete sie und entrückte sie in das Land der Taurier, das König Troas beherrschte. Dort wurde sie zur Priesterin der Göttin.

Nach dem Gesetz der Taurier mußte jeder Fremde, der sich ihrer Küste nahte, der Göttin geopfert werden. Dies Los sollte auch Orestes treffen, den Bruder der Iphigenie. Doch Iphigenie verhalf ihm nach der alten Tragödie zur Flucht und folgte ihm in die Heimat.

Goethe schildert das Schicksal der Priesterin in einer anderen Weise. Die unglücklich Geopferte, die in „Sklavenbanden" des Königs der Taurier lebt, hat nach Widerstand und Verzweiflung in ihr Los eingewilligt und trägt es in innerer Gelassenheit. Als sie ohne Haß und Angst dem König ihre Herkunft verkündete, sprach sie ein „großes Wort gelassen aus" und nahm den Fluch ihres Geschlechtes, der Tantaliden, in ihre innerseelische Bereitschaft zur Sühne und Bejahung hinein.

Die Tragik des Fluches wurde nicht aufgehoben, aber Iphigenie löste ihn in der Bejahung ihres Schicksals. Sie übergab die Entscheidung über ihr Leben dem König, und der Wille, den sie nun erfüllte, war nicht mehr der ihre. Nicht in einem äußeren Geschehen, sondern in ihr selbst lösten sich Kampf und Fluch, und in der Gelassenheit ihrer Seele fand das Verhängnis seine Entlastung. So konnte sie ohne Zwang in ihre Heimat zurückkehren.

Über Gelassenheit wäre noch vieles zu sagen, denn dieses Wort ist von einer großen Breite und umfaßt viele Empfindungen. Es gibt sogar eine Gelassenheit, die dem Anschein nach ausgleichend und beruhigend wirkt, die aber in Wirklichkeit eine eisige Kälte ausströmt. Ein solcher gelassener Mensch sieht wie ein ferner Beobachter die Qual eines anderen an, der sich nicht mehr in seinen Gefühlen und in seiner Situation zurechtfindet und analysiert das Geschehen unbeteiligt in sachlicher Distanz. Diese angebliche Gelassenheit gehört in den Raum der Unmenschlichkeit, in der keine Gefühlsregungen den Abstand zwischen zwei Menschen überbrücken.

In romantischen Zeiten war Gelassenheit die Einstellung des jungen Mädchens, das am Stickrahmen, beim Malen oder Klavierspielen sich Wünschen und Träumen hingab, die von heiterer Gelöstheit und nicht von Problemen belastet waren.

Je schwerer und problematischer die Zeiten sind, die den Menschen erschrecken oder zur Empörung aufrufen, um so weniger möglich wird es, Gelassenheit zu erwerben oder zu bewahren, als ginge die Umwelt und der Mitmensch uns nichts an. Die persönliche Gelassenheit des einzelnen hat keine Regel, sondern es gilt das Wort von Herrigel, daß der Gelassene „sich in all seinem Tun und Lassen getragen fühlt, ohne zu verstehen, wie es geschieht".

Wie dieses geschieht, wird der einzelne nur selbst wissen. Kollektivvorschläge oder allgemeine Denkstrukturen werden bei dieser Lösung nicht helfen.

Das Ergebnis einer tragenden Gelassenheit gibt ein Gefühl des stillen Glücks. Manche Menschen finden Glück der Gelassenheit auch in der Entspannung, in einer harmonischen Landschaft, in der beruhigenden Atmosphäre einer Kirche, in der Nähe eines geliebten Menschen.

Andere finden Gelassenheit in besinnlichen Gedanken, in künstlerischen Darstellungen oder in einem Erlebnis, das alles Nebensächliche abfallen läßt.

Wenn wir mit Dank oder Lob die Schönheit und Harmonie der Schöpfung betrachten, werden wir Segen und Glück der Gelassenheit in die Gegenwart hineinnehmen. Gerade in unserer Zeit des Leistungsdruckes werden wir dankbar sein für Erfahrungen, die uns Abstand gewinnen lassen von dem, was uns bedrückt und bedrängt. Dies aber kann nur geschehen, wenn wir nicht immer etwas denken und tun müssen, sondern uns auch die Muße nehmen, zu uns selbst zu finden und nach den menschlichen Werten in uns selbst zu fragen. Es gibt genügend Werte, die in jedem Menschen vorhanden sind und nur darauf warten, aus ihrer Bedrängnis und Verdrängung herausgehoben zu werden.

Der Weg zur Selbstfindung, der immer auch ein Weg in die Mitte der Seelentiefe ist, führt an manchen Oberflächen mit gleichgültigen Nebensächlichkeiten vorbei. Oft aber machen wir solche Belanglosigkeiten zu Grundsatzfragen und verfestigen uns in Situationen, die eher eines Lächelns als einer Auseinandersetzung bedürfen.

Wären wir innerlich gelassener, so würden wir vieles gar nicht so wichtig nehmen. Wenn ich mich an dunkelhäutige Frauen erinnere, die lächelnd mit freier Gebärde Körbe, bis zum Rand gefüllt, oder Wasserkrüge auf ihrem Kopf tragen, dann ist dies ein Bild jener Gelassenheit, die den denkenden und versorgten Abendländern völlig abgeht.

Dennoch ist es nicht leicht, inmitten von Ärgernissen und Erregungen, von Angst, Ehrgeiz, Mißtrauen, Haß oder in fast ausweglosen Situationen gelassen zu bleiben, die Übersicht nicht zu verlieren und den Geschehnissen ihre rechtmäßige Gewichtigkeit zu geben.

Im zweiten Kapitel des Lukasevangeliums steht das griechische Wort „symballein", das „zusammentragen" bedeutet und auch mit „bewahren" oder „erwägen" übersetzt wird. Maria bewahrte die Worte, die die Hirten zu ihr gesprochen hatten, in ihrem Herzen.

Es mußte für ihr Begreifen völlig abwegig und unverständlich sein, daß sie, die Jungfrau, einem Kind das Leben schenken sollte. Aber sie gab ihr Fiat – „mir geschehe" – ohne Zögern und Frage. Diese Gelassenheit, mit der sie sich in Gottes Willen fügte, war die Preisgabe ihres ganzen Wesens an ihn.

Sie bewahrte in ihrem Herzen das Wunder der göttlichen Geburt ebenso, wie das Schwert, das ihr Herz durchbohren sollte, das Leidvolle und das Beglückende, die Seligkeit der Gottesnähe wie den Kreuzestod des Sohnes, Einsamkeit und Todesschrei, Hoffnung und Auferstehung. Diese Gott geöffnete Haltung Mariens umschloß das Vordergründige wie den Hintergrund, und ihr Herz ließ sich ganz in das Kommende hineinfallen.

In der Heiligen Schrift gibt es kein Wort für Gelassenheit, aber die Bereitschaft Abrahams, den einzigen Sohn, Isaak, zu opfern, der Feuergesang der drei Männer, das unverstellte Ja der Mutter Jesu, das Warten der Jünger und der späteren Generationen auf die Wiederkunft des Herrn, die immer wieder enttäuscht wurde – dieses ungetrübte Vertrauen und die Gewißheit im Glauben, allein auf Hoffnung hin, ist mehr noch als eine Gelassenheit in nachvollziehbaren menschlichen Erfahrungen.

Wir wollen noch ein Beispiel der Gelassenheit aus dem Neuen Testament geben. Es ist die Erzählung vom Kranken am See Bethesda. Dreißig Jahre lang hatte der Gelähmte an dem heilenden Teich gewartet, daß einer vorbeikäme, ihn in den See zu tragen. Er wußte, daß dies nicht möglich war. Er hatte niemanden, der diesen Liebesdienst an ihm hätte vollziehen können. Und wenn er selbst einen Versuch machte, drängte ihn die Menge zurück. Er wartete dennoch in Geduld und nahm immer von neuem die Enttäuschung auf sich.

Und dann kam der Eine und heilte ihn. Vielleicht wäre Jesus an ihm vorbeigegangen und hätte ihn gar nicht wahrgenommen, wenn sich der Kranke in Verbitterung von ihm abgeschlossen hätte. Doch er hatte dreißig Jahre lang gewartet und gehofft, und das Wunder geschah.

Wenn Matthäus von den Lilien auf dem Felde spricht, die sich nicht sorgen, von den Vögeln des Himmels, die nicht säen oder ernten, vom Essen und Trinken, für das Gott sorgt, von der Unbelastetheit, die er dem Menschen schenkt, so faßt dies Paulus im ersten Brief an die Korinther zusammen: „Die Gestalt dieser Welt vergeht, doch ich möchte gern, daß ihr unbeschwert von Sorgen wäret." Gelassenheit inmitten der weltlichen Gegensätze, Sorgen und Mühen zu bewahren ist Glück und Chance, trotz aller Grausamkeit und Bosheit noch lieben, hoffen, vertrauen zu können und vom Bösen nicht verführt zu werden. Es ist das Glück und die Zufriedenheit, der wahre Friede, den Gerhard Tersteegen besingt:

„Wie die zarten Blumen willig sich entfalten
Und der Sonne stillehalten,
Laß mich so, still und froh,
Deine Strahlen fassen
Und dich wirken lassen."

Wunsch nach Glücklichsein

Wer möchte nicht glücklich sein in einer Welt der Ungerechtigkeiten, der Leiden, der Verunsicherung und der steten Veränderungen. Was aber ist Glück? Es ist schwer zu definieren. Deshalb wollen wir erst einige Vorstufen zum Glück suchen. Dies sind die kleinen oder großen Freuden, die uns im Lauf des Lebens begegnen. Wer die Freude kennt, muß zuvor auch von der Traurigkeit wissen. Denn es ist schon eine Freude, wenn wir nicht traurig sind und depressiv wie so viele Menschen, die des Morgens aufstehen und eigentlich nicht wissen, warum, oder wieder einen Tag beginnen, der ihnen Gleiches und Gewohntes bringt und meist nichts, an dem sie sich freuen.

Wir können auf der Straße solchen Menschen begegnen mit einem müden, unzufriedenen und unbelebten Blick, die durch Schminke und künstliche Aufmachung die fehlende Ausstrahlung verbergen. Sicher liegen die großen Freuden nicht auf unserem alltäglichen Weg, aber es gibt auch kleine: einen lieben Brief, den wir bekommen, einen Blumenstrauß auf dem Arbeitstisch, ein freundliches „Guten Tag", den blauen Himmel an einem schönen Morgen. Sogar eine ungestörte Autofahrt zum Büro, bei der man nicht andauernd aufgehalten wird und Angst vor dem Zuspätkommen hat. Freude können wir uns machen, wenn wir das Essen nicht hinunterschlingen, wenn wir eine kurze Zeit noch spazierengehen, ehe wir wieder in den Arbeitsstreß zurückkehren. Wir können uns mit Musik, einem guten Buch, einem entlastenden Spiel oder einer interessanten Unterhaltung den Abend sinnvoll gestalten.

Man sollte nicht immer nach dem gleichen Rhythmus leben, durch Abwechslungen oder spontane Einfälle können die Tage gelockert und abwechslungsreich gestaltet werden. Dann kann man im Altgewohnten neue Freuden entdecken. Wir müssen nur ein wenig achtsam sein und suchen, wo die Freuden liegen. Sie sind uns meist viel näher, als wir es annehmen, aber oft sind wir durch den Tagesablauf blind geworden oder warten auf stärkere und lautere Freuden.

Freude kann das Leben schon an sich sein, wenn wir bedenken, daß wir gesund sind, daß wir die Schönheiten der Natur genießen und viele Köstlichkeiten des Wohllebens empfangen. Doch wir werden nicht mehr die fröhlichen Wanderlieder der älteren Generation singen, die noch Freude an der Arbeit und am Wandern hatten und in Gesellschaft froher Stimmung und voller Heiterkeit war.

Heute suchen wir stärkere Anstöße zur Freude. Wir sind überreizt und verlangen nach intensiveren Genüssen. Das „intensiv" bezieht sich nicht auf die Hochstimmung, sondern auf Anreize und Angebote, die uns immer stärkere Vergnügungen und Zerstreuungen bieten und unsere Einbildungen und Lustgefühle steigern. Freude, die wir in der Musik als „Götterfunke", als weltumspannende Seligkeit genießen können, wird in einer heutigen Lebensstimmung für sentimental gehalten. Echte Freude aber kann man immer wieder erfahren, wenn schöpferische Lebenskräfte angeregt werden und Gefühle der Liebe zum Tragen kommen.

Die Freuden, die wir aus persönlichen Antrieben, Anregungen und Einfällen gewinnen, sind nicht machbar, sondern spontane Erlebnisse. Entspringen sie nicht der Phantasie und einem unmittelbaren Impuls, dann wird keine frohe Stimmung erzeugt.

Freuden sind nicht die gleichen für alle. Die Gabe, Freude zu empfinden, entspringt sehr differenzierten Gefühlen. Vorgeplante Freuden verlieren jede persönliche Note; ebenso wird eine Freude, die man herbeizwingen will, niemals eine echte Erfüllung sein, weil sie immer hinter dem zurücksteht, was man mit seiner Einbildung erwartet hat.

Häufig wird kein Unterschied zwischen Freude und Glück im Sprachgebrauch gemacht, aber es gibt Unterschiede, die man mehr erfahren als definieren kann. So wollen wir hier keine kleinlichen Differenzierungen machen, sondern dem Gefühl nachspüren, das unser Glücklichsein erweckt, und darin die Freuden einschließen, die es begleiten.

Im frühen Hellenismus können wir bei Aristoteles die Frage finden: „Wie bekomme ich Einsicht in das dem Menschen erreichbare Gute", und er verbindet in seiner Ethik das Gute mit Lust (Hedone) und Lebensglück (Eudaimonie).

Eudaimonie, das Lebensglück, das ein guter Daimon uns zuträgt, ist ein seelisches Glück, das nichts mit körperlichen Lustgefühlen zu tun hat. Es ist ein Tun und Wirken, das zum Guten hinführt, ein Glücksgefühl, in dem der höchste Wert des Lebens liegt. Für uns ist der Begriff des Glücks und des Glücklichseins nicht mehr mit dem Guten als ethischer Tugend verbunden, wenn auch im Religiösen das höchste Glück nicht ohne Gutsein existieren kann.

Aber die glücklichen Situationen im Leben werden

nicht nur empfunden, wenn der Mensch Gutes tut, sondern auch in Gefühlen und Befriedigungen, die keinen ethischen Hintergrund haben, und in schöpferischen Augenblicken, in denen eine Steigerung der Erkenntnis den Menschen über sein gewohntes Wissen und Verstehen hinausführt. Eine Erkenntnis, die den ganzen Menschen durchleuchtet und ihm eine höhere und erweiterte Bewußtseinserfahrung schenkt, kann als ein beglückendes Erlebnis empfunden werden und die Begeisterungsfähigkeit erhöhen. Diese ist immer mit einem Außersichsein, das heißt mit einem Überschreiten bindender Begrenzungen und Einengungen, verbunden.

Glück bedarf der Freiheit und Offenheit in der bedingten Weltwirklichkeit. Es ist ein Zustand, in dem es keine Angst und keine Probleme gibt, Sicherheit und Harmonie nicht gestört sind. In der Unzulänglichkeit der Welt aber wird jeder eine andere Vorstellung von Glück und Glücklichsein haben. Auch hinter vordergründigen Antworten kann die Sehnsucht aufscheinen, in den Zuständen und Erscheinungen der stets wechselnden irdischen Situationen und Bedürfnissen den unvergänglichen Hintergrund des Glücksempfindens zu erfahren.

Es gibt kleine Zufälle des Glücks, die Täuschungen sind. Zu ihnen gehört das Gefühl eines Wohlbehagens, in dem man sich, einer Katze gleich, ausstrecken und ausspannen kann. Ebenso kann man ein Glücksempfinden in einer trägen und satten Zufriedenheit erfahren, in einem Zustand, der sich nicht verändert und einen bleibenden Einklang vortäuscht. Von einem anderen Gesichtspunkt aus ist Glück die Erfüllung von Wünschen und Hoffnungen.

Oder Glück ist nichts anderes, als in der Stille am Meer zu liegen und den Wolken nachzuschauen, ohne daß Gedanken und Probleme störend eingreifen, die Schönheit einer Blume anzuschauen, ohne an ihre Vergänglichkeit zu denken.

Im Glücklichsein will der Mensch die Gegebenheiten der Welt übersteigen, um einen Ort zu finden, in dem Frieden und Erfüllung liegen, einen unvergänglichen Zustand ohne die Mühen des Lebens. Aber solche Erfüllungen gibt es nicht. Immer sind und bleiben sie Wunschträume, eine oft verzweifelte Hoffnung, man könne auf dem Gipfel des Glücks verharren und den Einklang mit der Welt und mit sich selbst in unbelasteten Höhen auskosten. Doch die Wirklichkeit zeigt, daß auf der anderen Seite des erreichten Gipfels der Abgrund droht und wir wieder in die Niederungen der Welt hinabsteigen müssen.

Wir finden bei dem französischen Dichter Maurice Maeterlinck wertvolle Aussprüche über das Glücklichsein. Etwa die Aussage: „Nur das kleine Glück des Augenblikkes lächelt und schließt die Augen, während es lächelt. Aber auf einer gewissen Höhe ist das dauernde Glück ebenso ernst wie eine edle Trübsal." Oder: „Glücklichsein, das ist, die Ungeduld nach dem Glück hinter sich haben." Maeterlinck weiß wohl um die vielen Enttäuschungen auf dem Weg zum Glück, besonders dann, wenn die Träume nach dem Glück zu hoch hinaufreichen und „nicht die Billigkeit der Wirklichkeit finden". Doch er weiß auch, daß es im Leben eines jeden einen Tag gibt, „an dem der Himmel sich von selbst erschließt".

Oder bedeutet Glück nichts anderes als die Bewältigung des Unglücklichseins, die ja sagt zu allem, was uns geschieht, und den Ereignissen ein Positives abringt? Oft sind es die kleinen Dinge, in denen das Glück sich zeigt, oder wir verstehen erst hinterher, daß ein anscheinend Negatives ein Geschenk des Glückes war oder daß es das größte Geschenk ist, zu leben.

Der Mensch kann sich sein Glück selbst zerstören, dann nämlich, wenn er so angefüllt ist mit unerreichbaren Erwartungen und er das ihm Mögliche darüber vergißt oder wenn er sich in einer falschen Weise öffnet und negative Eindrücke in sich einläßt. Johannes Tauler beschreibt den Menschen, der sein Herz leer macht von den Kräften der Finsternis für den Einlaß des Guten. Doch wenn sein Herz leer geworden ist, dann versuchen die dunklen Mächte, in verstärkter Weise zurückzukehren. So ist es mit den Erwartungen des Glücks. Wenn man sich für seinen Empfang bereitgemacht und ichhafte Wünsche und Illusionen ausgetrieben hat, dann versuchen diese in noch stärkerer Eindringlichkeit wiederzukommen und den Raum des Herzens zu besetzen.

Wir sollten die Illusionen überwinden, das Glück sei plötzlich da und sättige uns mit seiner Intensität für alle Zeiten. Dies trifft weder im materiellen Bereich unserer Bedürfnisse noch im seelischen unserer Sehnsucht zu. Glücklichsein muß man erst lernen. Natürlich gibt es Ausnahmen, doch der durchschnittliche Mensch wird seinen Weg zum erfüllten Glück suchen müssen. Es wird uns heute zwar leicht gemacht, an ein Glück zu glauben, das Reklame und Trugbilder künstlich vorgaukeln. Aber ist das unser wirkliches Glück, und befriedigt es auf die Dauer unser Verlangen?

Wir können viele Arten von Glücksempfinden aufzählen: das Glück, von einer Krankheit geheilt, aus einer Gefahr gerettet zu sein, einem Menschen zu begegnen, der uns Liebe schenkt, oder die Geburt des Kindes, das Glück einer Berufung, das Gelingen eines Werkes. Glück ist aber auch der einmalige günstige Augenblick, an dem alles zusammenklingt und in Harmonie ist. Der Künstler empfindet ein Glücksgefühl, wenn seine schöpferischen Kräfte dem innerlich Geschauten und Erfahrenen Ausdruck geben.

Dabei ist es etwas Verschiedenes, ob man Glück hat oder glücklich ist. Glück haben kann auch Zufall sein – ein Gewinn beim Lotto, beim Wetten, beim Spiel. Dieses Glücksgefühl hat keine Resonanz im Seelischen und wird auch nicht durch eine innere Einstellung vorbereitet. Das echte Glücklichsein ist mit dem ganzen Menschen verbunden, ist ganzheitliches Glück. Doch was der einzelne darunter versteht, weiß nur er selbst.

Glück zu erzwingen oder zu erkaufen ist nicht möglich. Zwingende Hände sind viel zu verkrampft, um etwas frei aufzunehmen, oder können das Empfangene nicht halten. Auch sind die Zeiten vorüber, in denen die Wunschkraft so mächtig war, daß sich das Erwünschte herbeizwingen ließ. Dies geschah im Vollzug der magischen Einheit, des Einklangs von Gottheit, Mensch und Natur. Damals gab es ein Zusammenwirken von Gewünschtem und Empfangenem und nicht, wie auf der rationalen Bewußtseinsstufe, ein Nebeneinander und Hintereinander.

In der eindimensionalen Zeit magischer All-Einheit und Unterschiedslosigkeit gab es noch keine Trennung, keinen Abstand zwischen Natur und Mensch, zwischen Ich und Du. Die Naturerscheinungen waren unmittelbarer Ausdruck der Seele, und im Innenraum des Menschen spielte sich das gleiche ab wie im Kosmos. Die Tabus, Riten und Zeremonien, die von dem magischen Menschen vollzogen wurden, brachten den großen Zusammenhang und Einklang alles Lebens zum Ausdruck.

Der Raum solcher einheitlicher Umfassung war der Raum, in dem die triebhaft vitalen Wünsche in Erfüllung gingen und die Naturgewalten mit der Wunschkraft des Menschen zusammenwirkten. Wenn damals der Indianer einen schwimmenden Fisch nachbildete und mit einem bestimmten Gebet ins Wasser warf, bewirkte diese Zeremonie, daß sich die Fische im Netz verfingen. Ebenso führte der Tanz der Kriegerfrau den Sieg des Kämpfenden herbei. Es handelte sich bei solchem Zauber nicht um einen symbolischen Akt, sondern um die Tatsache, daß Gleiches wieder Gleiches erzeugt oder anzieht.

Die Riten und Zeremonien, die mit den Beschwörungen und magischen Handlungen verbunden waren, Tänze, Trommeln, Schreie, verstärkten die innere Erregung und entbanden die vitalen Kräfte, die nach der Erfüllung des Wunsches drängten. Auf der mythischen Ebene, auf der es schon ein Zweidimensionales gab, lebte der Mensch nicht mehr in geschlossener Einheit mit dem Kosmos. Außen und Innen waren nicht mehr ein ganzheitliches Gefüge, doch sie standen in einer Entsprechung und polaren Ergänzung zueinander.

Es hatte sich schon die Spaltung vollzogen zwischen Ich und Du, Mensch und Natur, zwischen dem Außen- und Innenraum, die Spaltung, die den Weg zur Bewußtwerdung seelischer Reifung einleitete. Noch aber war diese Spaltung nicht zu einem Bruch geworden, noch verbanden polare Beziehungen und Wechselwirkungen das Auseinanderfallende. So empfing alles, was im Außen geschah, seine Entsprechung im Innenraum, und die Erscheinungen in der Natur wurden als Ausdruck eines seelischen Geschehens betrachtet.

Das Wahrnehmen der sich ergänzenden und aus unbewußten Tiefenschichten stoßenden Erfahrungen bildet den Hintergrund der Märchen. Darum gehen in ihnen auch die Wünsche in Erfüllung. Dies bedeutet nicht, daß auf der mythischen Ebene Gleiches wieder Gleiches anzieht wie im magischen Bereich, sondern daß elementare

Wunschkraft Naturgewalten zu Einsatz und Hilfe herbeiruft. Naturelemente, Tiere, Bäume, Feen, Kobolde, Heinzelmännchen oder andere kosmische Kräfte übernehmen eine Mittlerrolle. Aber sie verlangen für ihre Hilfe und ihre Gaben eine Gegenleistung. Meist ist mit solcher Gegengabe das Opfer des Liebsten, das der Mensch besitzt, gemeint. Die bewirkende Kraft der Wunschbefriedigung war auf der mythischen Ebene Preisgabe eines äußeren oder inneren Besitzes und nicht mehr das unmittelbare Zusammenwirken von Mensch und Kosmos.

Je bewußter der Mensch die Gestaltung seines Lebens in die Hand nahm, je weiter er sich von der Verflochtenheit mit dem Kosmos oder der seelischen Beziehung zu ihm entfernte, um so stärker tat sich der Abgrund auf, der ihn von der Natur und dem Mitmenschen trennte. Durch Zwischenschalten des Verstandes und bewußten Willenseinsatz fiel er aus dem unmittelbaren Zusammenhang mit den kosmischen Kräften. Er verlor den Zugang zu den ursprünglichen Energiequellen, die gleicherweise in ihm wie in der Natur wirkten, und verlernte damit das Wünschen, das ihm auf der vitalen oder seelischen Ebene diesen Zugang ermöglichte.

Die Wunscherfüllungen, die ein magisches Zusammenwirken der spontanen Gefühlsentsprechungen nicht mehr gewähren können, übernimmt nun der bewußte Wille und die technische Leistung. Zwischen dem Menschen und dem, was er zu bewirken sucht, wird eine Anzahl von Überlegungen, Berechnungen und logischen Schlußfolgerungen eingeschaltet, die Wunschkraft tritt aus dem Bereich des lebendig Beseelten in den Raum rationaler Konstruktionen.

Was früher Magie bewirkte, erreicht heute die Maschine; was früher des seelischen Einsatzes bedurfte, vollbringt ein Apparat. Nicht Zauberformeln oder Opferbereitschaft entbinden dynamische Kräfte, die die Wünsche erfüllen. Im Gegenteil: das Irrationale und dem Verstand nicht Untergeordnete mit seinen Erregungen, Spannungen und unkontrollierbaren Emotionen wird zugunsten eines präzis funktionierenden Apparates oder einer nüchternen Berechnung ausgeschaltet. Diese gewährleisten nicht nur die Erfüllung der Wünsche, sondern vermögen sie auch zu wecken und immer neu anzusprechen.

Dabei wird unwesentlich, ob die Wünsche sinnvoll oder dem Menschen gemäß sind, wenn sie nur einem bestimmten, von der rationalen Überlegung diktierten Zweck entsprechen oder den materiellen Konsum fördern. An die Stelle eines inneren Verlangens ist der äußere Bedarf, an die Stelle des Opfers ist das Geld getreten.

In einer Zeit der nüchternen Berechnung, des sachlichen Apparates ist auch das Wort seiner bewirkenden Kraft beraubt. Es ist viel zu alltäglich und abgebraucht geworden, um noch heile oder unheile Kräfte zu entbinden. Aber vielleicht ist dies eine Gnade. Denn würde jedes Wort, das wir gebrauchen, jeder Wunsch, den wir aussprechen, seine Verwirklichung und Erfüllung finden, dann verfielen wir einem unentrinnbaren Chaos.

Wir verantworten oft nicht mehr, was wir sagen und tun; wir wissen auch selten, was uns wirklich zukommt und gemäß ist. Würde das viele sinnlos Dahergesagte, das nutzlos Vergeudete, das Unverpflichtende, das in einer Laune, im Affekt oder in einer Aggression dem anderen Hingeschleuderte oder gegen Gott sich Auflehnende tatsächlich seine Verwirklichung finden, wir müßten vor Scham oder Entsetzen über uns selbst erschauern. In dieser Hinsicht mag es ein Segen sein, daß unsere Wunschkraft machtlos, unser Wort flach und unser seelischer

Einsatz müde geworden sind. Was sich aber der Mensch in seinem Menschsein damit angetan hat, können wir noch nicht übersehen.

Viele Fähigkeiten und Kräfte schwinden, wenn wir uns allein der Technik bedienen und nur noch Institutionen für uns arbeiten und denken lassen. Der technische Apparat, die bewußte Überlegung, das sachliche Planen verdrängen die unmittelbare Auswirkung eines ursprünglichen Impulses. Je mehr die Bewußtwerdung fortschreitet und die Technik an Raum gewinnt, um so weniger wird eine unmittelbare Äußerung, ein unreflektiertes Begehren, ein ursprünglicher Wunsch in Erfüllung gehen. Dies sagt nichts aus über die Technik an sich, sondern über den Menschen, der sich ihr im Gefühlsbereich ohne Prüfung und Besinnung unterstellt und seiner Wunschkraft keinen persönlichen Einsatz gibt oder sie nur für geldliche Verdienste aufruft.

Es gilt auch für den, der nicht aus seinen Wurzeln die Wunschkraft aufsteigen, sondern die Wünsche sich von außen aufzwingen läßt. Organisationen, Planungen, wissenschaftliche Erkenntnisse und technische Methoden halten vielfache Möglichkeiten für unsere Wunscherfüllung bereit. Sie geben uns ohne eigene Anstrengung und Mühe, ohne Gegengabe und Dank, was wir haben wollen – und diese Wünsche beziehen sich nur auf reale und sichtbare Dinge, wie das äußere Wohlergehen, die Erleichterung der Lebensbedingungen, die Befriedigung des Lustverlangens und die Steigerung des materiellen Besitzes.

Während in den Städten der Zivilisation erschöpfte und abgestumpfte Menschen durch Zerstreuungen oder künstliche Anreize ihre unmittelbaren Antriebe und ihre schöpferische Phantasie verlieren, bleiben bei primitiven

Völkern die kreativen, spontanen Kräfte auch in Not und Armut fruchtbar und werden durch Feste, Musik und Tänze zu ekstatischer Lebensfülle gesteigert. Eine solche Begeisterung durchdringt den ganzen Menschen und erhebt ihn über seine raumzeitgebundenen Begrenzungen.

Glück betrifft die Ganzheit der Existenz, den Einklang mit sich selbst. Ich bin glücklich, das war ein glücklicher Zufall, Glückwünsche zu Weihnachten und zum Geburtstag ohne persönliches Eingehen oder das kurzfristige Glücklichsein auf Festen sind Herabsetzungen des wahren Glücks.

Nicht nur Zerrbilder falscher Glückserfüllung können die Wunschkraft des Menschen in gefährliche Bahnen führen, es können sich auch negative, dämonische Mächte der menschlichen Sehnsucht bemächtigen und diese auf falsche Ziele ausrichten. Das zeigt sich in irreführenden Verlockungen irdischer Befriedigung, aber auch in einem pseudoreligiösen Bereich, in dem trügerische Hoffnungen auf Glück die Wunschkraft des Menschen manipulieren und ausnutzen. Die Macht des Dämonischen kann selbst in die menschliche Existenz eingreifen und das göttliche Ebenbild durch Bosheit und Grausamkeit zerstören.

Man wagt es heute kaum noch, vom Teufel oder vom Bösen zu sprechen, sondern versucht, diese Kräfte zu verharmlosen oder in lächerlichen Masken darzustellen. Den Namen des Bösen nicht zu nennen, heißt aber nicht, dem Bösen seine Macht zu nehmen oder seine Wirklichkeit zu bestreiten. Teuflische Machenschaften sind nicht so harmlos, wie Spötter es meinen. Sie bestehen auch nicht allein aus verdrängten Aggressionen. Man denke an das Chaos, an die Finsternis, an das unheimliche Grauen in der Welt, selbst im Menschen, das unerklärbar und unbegreifbar ist und deshalb auch kaum entlarvt werden kann. Dies sind

Gewalttaten der Bosheit, ein Besessensein von dämonischen Kräften.

Der Fluch, der nicht nur eine in Wut ausgestoßene Schmähung ist, sondern geladen ist mit der Kraft der Verwünschung, kann auch heute noch wirksam sein wie in der Frühzeit; ebenso sind Spukgestalten nicht nur animistischen Ursprungs, die unserem Unbewußten entstammen, sondern Realität.

Auch auf der Technik liegt ein Fluch, wenn der Mensch sie zu eigenmächtigen Leistungen mißbraucht und durch Fehlentwicklung seine Vollmacht verliert, an der göttlichen Entfaltung mitzuwirken. Wir können nur angesichts der Bosheit in der Welt versuchen, unsere Wunschkraft nicht in Triebbesessenheit umschlagen zu lassen und zerstörerischen Gedanken Macht über uns zu geben. Wenn schöpferische Kräfte nicht zur Liebe für Natur und Menschen eingesetzt werden, verfallen sie dämonischem Sog.

Neben der hellenistischen „Eudaimonie", dem Lebensglück, steht der Dämon des Unheils, und oft sollte das Glück, das wir so „nebenbei" einem anderen Menschen wünschen, mehr sein als ein gedankenlos dahergesprochener Satz. Jeder bedarf des Segens und glückbringender Wünsche.

Das Wort Glück verstehen wir oft falsch. Es steht nicht im Zusammenhang mit Glücksritter, des Glückes Schmied, mit Hans im Glück oder Glück und Glas, es ist auch nicht identisch mit der Erfüllung von Wünschen, von denen die Märchen voll sind. Glück ist auch nicht das Gelingen eines Erfolges oder das Geschenk der Göttin Fortuna, die Glücksrad und Füllhorn in Händen trägt. Mit wahrem Glück ist nicht ein Befinden gemeint, das Leib und Seele, vielleicht auch nur den Leib befriedigt.

Weil wir im Grunde überhaupt nicht mehr wissen, was

„Glück schenken" und „glücklich machen" heißt, können wir auch keine Feste mehr feiern. Feste sind nicht lärmender Taumel, der noch aus Zeiten der Beschwörungsriten durch Musik und Tanz stammt, sondern Stationen auf dem Weg unseres Lebens. Sie gehören im christlichen Raum zum Kirchenjahr; in ihrer säkularisierten Gestalt aber sind sie nichts weiter als arbeitsfreie Tage, bei denen der Sinn der Feiertage nicht mehr empfunden wird.

In unserer Zeit werden die kirchlichen Feiertage immer mehr aus dem Rhythmus des Lebens herausgestellt und zum Anlaß für Geschenke oder zu Urlaubsreisen benutzt.

Der Jahreszyklus eines Menschen wird nicht nur von glücklichen Zeiten bestimmt. Nach Hoch-Zeiten kommen wieder Zeiten der Trauer, der Mühen und Entbehrungen – dies ist und bleibt der Verlauf unseres Daseins in der Welt. Glück und Unglück, Freude und Traurigkeit gehören zusammen, solange das Gegensätzliche nicht zur Einheit geführt ist. Der Mensch lebt zwischen Freude und Schmerz und ist manchmal schon zufrieden, wenn ihm kein Leid geschieht oder wenn ihm geringere Wünsche erfüllt werden. Ebenso, wie der Mensch die Größe eines tragischen Leides nicht mehr bewältigen kann, wird er auch nicht mehr das Glücksgefühl kennen, das fast zu gewaltig ist, um es zu ertragen. Darum begnügt er sich oft mit dem kleinen Glück, das leicht dumpf wird und bald vergeht.

Sehen wir von materiellen Wunscherfüllungen ab, die uns ein Glücksgefühl für kurze Zeit schenken, dann müssen wir auf die Suche nach dem großen Glück gehen, dem Glücklichsein in bleibender Erfahrung. Maeterlinck nannte es den „blauen Vogel" und Novalis die „blaue Blume". Die Kinder, die den „blauen Vogel", die Erfüllung ihrer Wünsche, suchten, fanden ihn, als sie von ihren Wanderungen zurückkehrten, in ihrem Elternhaus. Die

„blaue Blume" ist Abglanz des harmonischen Einklangs, Wunder der Einheit mit allem, was in uns und um uns ist.

In seinem „Heinrich von Ofterdingen" schildert Novalis die Sehnsucht nach dieser Blume als ein durch Liebe geöffnetes inneres Wissen nach dem Wunder der Einheit, in der „Menschen, Tiere, Pflanzen, Steine und Gestirne, Elemente, Töne, Farben zusammenkommen, wie eine Familie handeln und wie eine Geschichte sprechen".

Liebe macht glücklich – das ist fast eine banale Aussage. Aber es trifft zu, daß zwei Menschen gemeinsam die Erfüllung des Lebens finden und als Glück erfahren, was einer allein nicht vermag. Der Mensch ist auf das Du angelegt und erwacht erst zu sich selbst, wenn er dieses Du gefunden hat. Vor allem die Frau erblüht in der Liebe; sie fühlt sich angenommen und bejaht.

Vielleicht hat sie trotz ihrer Emanzipation noch gewisse Minderwertigkeitsgefühle, die ihr der Mann mit seiner Liebe nehmen kann. Diese bezieht sich nicht auf sexuelle Befriedigung, sondern auf das Vertrauen, das in der Liebe liegt, und auf das Wissen, nicht allein gelassen zu sein.

Die Reinheit der Seele hat Macht, Häßliches in Schönes zu verwandeln. Jeder Mensch könnte durch ein mutiges Sichhineingeben in die wahren Seelenvorgänge manches Leid überwinden und die Welt in seiner eigenen Lebenssituation ein wenig entwirren und reicher machen.

Eine heute kaum noch empfundene Seelenhaltung, die sich einen körperlichen Ausdruck sucht, ist die Zärtlichkeit. Wer sie empfängt oder wer sie schenkt, hat in seiner Stimme, seinen Gebärden und seinen Berührungen eine seelische Ausstrahlung, die dem anderen guttut, ohne etwas von ihm zu fordern oder Aggressionen zu wecken.

Wenn zwei Menschen eine Ehe schließen, dann wünschen sie sich ein gemeinsames Glück. Sie gehen mit guten Vorsätzen und Wünschen in diese Ehe, im Wissen, daß eine Partnerschaft leichter und weniger verpflichtend wäre und die Ehe Opfer verlangt und Probleme stellt, wenn die erste Zeit des Glücklichseins vorüber ist. Man kann sie nicht in die Länge ziehen und zum Glück sagen: „Verweile doch, es ist so schön!" Die Probleme steigen mit dem Abstumpfen der ersten Liebesintensität auf. Zuerst kann man sich noch vieles Gemeinsame wünschen: Kinder, Haus, Reisen, aber dann verrinnt die Zeit der ersten Liebe. Man kennt sich nun zu gut und sieht die Schwächen des Partners. Die Frau will vielleicht etwas, was der Mann nicht mag, oder umgekehrt.

Die Liebe ist eine Brücke zwischen Ich und Du, die einbrechen kann, sobald das Vertrauen schwindet oder nicht mehr die Rücksicht vorhanden ist, die dem anderen ein Stück Freiheit läßt. Auch werden die Kinder und ihre Erziehung Auseinandersetzungen in die Ehe bringen. Und einmal endet das freie Gespräch zwischen Mann und Frau, wenn er stur vor dem Bildschirm sitzt oder sie abends noch Hausarbeiten machen muß. Aus der Erinnerung steigen Bilder auf: Philemon und Baucis, das alte Ehepaar in Goethes Faust, das so friedlich beieinandersaß – oder manches Bauernpaar, das wir noch in der Vergangenheit vor dem Haus haben sitzen sehen, der Mann besinnlich mit seiner Pfeife, die Frau mit ihren Enkeln spielend.

Das Glück der Liebe ist zerbrechlich. Es schwindet, wenn Gewohnheiten zu stark geworden sind, wenn es keine geistigen Interessen gibt und jeder nur mit sich selbst und seinen materiellen Befriedigungen beschäftigt ist und um seine eigenen kleinen Sorgen kreist. Soll der Wunsch nach Glücklichsein durch die Ehe hindurchgetragen werden, müssen Opfer gebracht werden, und es muß ein Ziel geben, um dessentwillen zwei Menschen beieinanderbleiben. Dies werden kaum noch die Kinder sein, die früh aus dem Haus gehen, aber vielleicht ist es das Erlebnis des verlorenen Glücklichseins, das man noch einmal erfahren will. Hat man dieses Erlebnis in seine Tiefen hineingenommen, dann strahlt die Vergangenheit in Gegenwart und Zukunft hinein, die noch Spuren des einstigen Glükkes in sich tragen.

Der Mensch ist meist nicht bereit, sich mit wenigem zu begnügen, immer will er mehr, will er das ewig Bleibende, das Unvergängliche. Diese Sehnsucht lebt in ihm und ist ein nicht endender und nicht stillbarer Durst. Er wird währen, bis jeder Teilsektor des Lebens in das Ewige hineingenommen ist. Dies aber ist nicht der Zustand unseres irdischen Daseins, sondern wartet auf Vollendung.

Wenn das Glücklichsein als ein Aspekt der ewigen Erfüllung gesehen wird, sucht man es weiter und läßt die Liebe nicht erkalten. Es ist möglich, die inneren Seelenkräfte aufzurufen, die stärker sind als Enttäuschung und Verlust. Nur wenn unser eigenes Liebesvermögen erkaltet oder abstumpft, werden wir die Hoffnung auf das Glücklichsein verlieren und von der Altersdepression erfaßt, die am Ende des Weges alle Freude zerstört und den Menschen wie ein Tier dahinvegetieren läßt. Diese Depression greift auch schon in jüngere Jahre hinein.

„Gott ist Liebe; und wer in der Liebe bleibt, der bleibt in Gott und Gott in ihm.“ Dieser Satz aus 1 Joh. 4,16 ist kein sinnloses oder leeres Geschwätz, auch wenn mancher angesichts der Grausamkeit und Bosheit in der Welt an der Liebe Gottes zweifelt. Wir wissen von den Mystikern, die sich ganz Gott hingaben und auf seine Antwort der Liebe warteten und doch nur die dunkle Nacht erfuhren. Dennoch blieb ihre Hoffnung lebendig. Sicher ist dies ein

Glaubensakt, den nicht jeder vollziehen kann. Die Mystiker aber bezeugen uns, daß die Erfahrung der Liebe in Schmerzen geschehen kann, abseits von jedem Glücksgefühl.

Im Mittelalter war in den Gottesdienst das Ostergelächter eingebaut, das risus paschalis genannt wurde. Es war das glückliche Lachen, daß Christus das Böse und den Tod besiegt hat. Vielleicht kann nur ein Mensch wirklich lachen, wenn er innerlich ganz frei und ungehemmt ist, wenn er Zwang und Schuldgefühle oder Angst verloren und sich aufgemacht und entspannt hat. Es gibt Zeiten des Lachens und Zeiten des Weinens, aber diese werden meist stärker sein als die frohen Stunden.

Man kann und darf – dies ist eine ernste Überlegung – nicht erwarten, daß das Leben an sich leicht ist und Freude bringt, wenn man sich nicht über die Niedrigkeiten erheben und die Transzendenz in sich hineinnehmen kann – in einem vollen, weiten Einatmen. Die Welt ist Schauplatz des Guten und Bösen nach den Worten der Offenbarung, daß „der große Drache, die alte Schlange, die da heißt der Teufel und Satanas", auf die Erde geworfen war mit der ganzen Schar seiner Engel, der Dämonen, die den Menschen besetzen können, wie dies im Evangelium geschildert wird. Sicher hat es früher katholische Priester – auch evangelische wie Pfarrer Blumhardt – gegeben, die Exorzismus mit Erfolg trieben und Dämonen aus dem besetzten Menschen ausfahren ließen. Wenn dies heute noch auf den Philippinen geschieht, mag es sich um magische Riten handeln und einen anderen Stellenwert besitzen.

Heute bedeuten Glaube und Gebet weniger als in früheren Zeiten, das heißt, die Ausstrahlungskraft und Dynamik, auch eines gläubigen Menschen, ist nicht mehr stark genug, um Böses zu besiegen. Dennoch sollte jeder für sich allein den Kampf gegen das Dämonische, das vielen Menschen innewohnt und voller Haß und Hochmut, voller Machtanspruch und Zerstörung ist, führen und ihm ins Gesicht blicken. Wir werden nicht frei für die Freude und werden nicht wissen, was Glücklichsein ist, wenn wir nicht zuvor aus unserem Inneren ausgeräumt haben, was diesen widersteht. Es ist schon viel, wenn wir von dem Negativen in uns wissen und von den Aggressionen, die nur eine Vorform der Übel sind, die in uns am Werke sind; das Weitere werden wir einer höheren Macht anheimstellen müssen.

Wir werden als Menschen darauf warten, glücklich zu sein, und den Wunsch nach Glück in uns tragen. Was aber für uns das angemessene und unseren Anlagen entsprechende Glück ist, ob es groß ist oder gering, ob es Freuden oder Schmerzen bringt, werden wir nicht vorauswissen. Es gibt so viele Geheimnisse, die wir nicht mit unseren rationalen Möglichkeiten durchblicken können. Wir sollten auch nicht alles, was sich unserem Verständnis und unserer Manipulation entzieht, erforschen wollen und die Frage stellen, warum das Glück bei den Menschen so verschiedenartig ist. Das Glück kann überall und in jeder Form auf uns warten. Wir sollten es auch im Kleinen nicht übersehen, weil es sehr kostbar ist.

Eine zu leichte und schnelle Erfüllung des Wunsches nach Glück ohne Erwartung, Erregung, Spannung, Sehnsucht und Bereitschaft zum Opfer führt zu keiner Entspannung und Neubelebung, weckt keine Gefühle der Dankbarkeit und Freude, gibt keine Fülle und Kraft.

Schon dem Kind wird alles geschenkt, was es sich wünscht, so daß es nicht auf Weihnachten und Geburtstag oder auf eine sinnvolle Gelegenheit warten muß und auch nicht lernt, daß ein Geschenk eine innere Bereitschaft verlangt oder der Preis für eine Mühe ist. Ebenso wird der Jugendliche nicht gewahr, daß es zur Erfüllung seiner Wünsche noch anderes bedarf als des Geldes der Eltern oder der Weiträumigkeit der Welt.

Das Geld müßte einen anderen Stellenwert erhalten und der Mensch ein neues Verhältnis zum Besitz. Bei dem immer größer werdenden Angebot von Ware vergißt man die menschliche Arbeit und Anstrengung, die zur Herstellung notwendig war. Der Gedanke, daß jede Arbeit nur durch Geld entlohnt werden kann, nimmt einer persönlichen Anerkennung der geleisteten Mühe ihren Wert. Für eine Bezahlung braucht man nicht zu danken und sich angesprochen zu fühlen.

Auch ein Wunsch, der ohne Mühe und ohne wirklichen Einsatz befriedigt wird, hinterläßt ein schales Gefühl der Leere und der Langeweile. Dagegen verstärken die Erwartung, das Enttäuschtwerden und Wiederhoffen, das Suchen und endlich Finden, das Bitten und Sich-zur-Verfügung-Stellen, das Wagnis und die Bereitschaft zum Verlust, das Wechselspiel von Begehren und Empfangen, von Mangel und Erfüllung erst die Intensität des Wunsches, die Dynamik der Spannkraft und ermöglichen auch den Weg zur Vergeistigung, wenn auf der erhofften Ebene die Wunschbefriedigung nicht stattfinden konnte. Sonst hätte Heraklit mit seinem Ausspruch recht: „Wäre das Glück in leiblichen Lüsten, so hätten wir das Vieh glücklich zu nennen, wenn es Erbsen zu fressen findet."

Die Sehnsucht ist dem Menschen angeboren, aber er muß die Wunschkraft aktivieren, sonst stirbt sie und läßt Trauer und Depression zurück. Die Quelle der Wünsche, die nicht in einem gelenkten Strom gefaßt ist, kann auch in falsche Richtungen fließen, wenn sie von unrealen Zielen angezogen wird. Dies geschieht überall dort, wo eine glückliche Zukunft versprochen und mit Verlockungen und illusionären Anreizen auf politischen oder ideologischen Gebieten ausgemalt wird.

Die Wunschkraft reagiert auf jeden Antrieb, der ihr Erfüllung von Hoffnungen und Erwartungen in Aussicht stellt. Wenn diese auch noch so unreal sind oder auf Motive von Machtgier und Vergewaltigung zurückzuführen sind, läßt sich der Mensch doch lieber betrügen, als daß er seine Wünsche aufgibt.

Es ist widersinnig, daß totalitäre Staaten eine solche Anziehungskraft auf Menschen ausüben, auch wenn diese ihre Ideologie durchschauen. Wir können dies nur verstehen, wenn wir den Hintergrund unseres Verlanges nach Glück begreifen. Dieser ist nicht mehr, wie in der Frühzeit, ein Wunsch, der, mit magischer Intensität geladen, durch die einheitliche Verflochtenheit aller Dinge unmittelbar das Ziel trifft, auf das er sich richtet.

Das Verlangen nach Glück in unserer abendländischen Welt ist vielmehr geprägt von der Intensität der christlichen Hoffnung und der Kraft der Seligpreisungen, auch wenn sich ihre unmittelbaren Erwartungen in der Welt nicht erfüllen. Dies mag eine fast unglaubliche Behauptung sein. Erkennen wir aber, daß Jesus in der Bergpredigt die Erfüllung aller Sehnsucht verheißt, die uns in unserer Not, Armut, Friedlosigkeit und in der Ungerechtigkeit der Welt bedrängt, dann verstehen wir ihre Bedeutung.

Die Seligpreisungen stellen kein soziales Programm auf. Sie versprechen keine diesseitige Erfüllung, sondern bezeugen die Verwirklichung des Menschseins in einer anderen Dimension. Sie sprechen von der neuen Existenz. Das innere Gären und Drängen unserer Sehnsucht ist Zeichen des Einbruchs der Transzendenz in unser Leben, ist Ansporn zu höchsten schöpferischen Taten und tief beglückender Erfahrung.

Das in der Bergpredigt verheißene gilt nicht der empirischen Wirklichkeit, sondern offenbart eine heile Welt, die Gott verheißen hat. Sie schenkt dem Menschen die Hoffnung auf eine Zukunft, aus der rückwirkend auch das irdische Dasein mit seinen Leiden und seinen Ungerechtigkeiten aufgefangen und sinnvoll wird. In einer solchen Sinnfindung übersteigt der Mensch sich selbst und erfährt die beglückende Gewißheit, daß seine Sehnsucht in einer höheren Dimension erfüllt wird, die ihn vor verlogenen diesseitigen Versprechungen und trügerischen Hoffnungen bewahrt.

Wenn in der irdischen Wirklichkeit unser Wunsch nach Glück auch keine Befriedigung findet, so könnten wir doch Anlässe suchen oder beachten, die uns mit Dank an Gott erfüllen. In den guten Stunden und schönen Erlebnissen nennen wir selten seinen Namen und meinen, wir wären allein unseres Glückes Urheber. Dabei würden wir tiefes Glück empfinden, wenn wir unser Leben als Geschenk Gottes empfinden und auch unseren Mitmenschen mit Dankbarkeit begegneten. Nicht nur weil wir für vieles zu danken haben, was wir als Selbstverständlichkeit annehmen, sondern auch weil Danken uns freimacht und zum Du hin öffnet.

Wir sind eher bereit, Kritik zu üben, abzuwerten und Negatives über die Mitmenschen zu sagen, als das Schöne und Gute in ihnen anzuerkennen oder herauszufinden. Denn hierzu bedarf es der Mühe und Geduld. Nur ein freier Mensch, der nicht verunsichert ist oder an Minderwertigkeitsgefühlen leidet, wird die positiven Eigenschaften eines anderen bewundern, auch wenn er dadurch selbst kleiner und geringer erscheint. Er wird auch versuchen, unerfreuliche Ereignisse so tief zu durchleuchten, daß er etwas Positives aus ihnen lernt. Es wäre des Nachdenkens wert, sich am Abend mit dem zu beschäftigen, was uns mit Dank erfüllen kann und was wir meist im Tagesgeschehen übersehen.

Wer von innen her Dank sagen kann und dies nicht nur oberflächlich tut, tritt in Kontakt mit dem, der den Dank empfängt und keine nichtssagenden Floskeln macht – „es ist nicht der Rede wert“ oder „das ist doch nicht nötig“ –, sondern ihn ernsthaft annimmt. Ich bin nicht für mich allein geschaffen, sondern um mich dem anderen mitzuteilen und Verantwortung für die Welt zu tragen. Ich darf mich den Menschen und der Welt nicht entziehen und den Problemen der menschlichen Geschichte nicht ausweichen.

Im Aufeinander-angewiesen-Sein wird der Mensch erst zum Liebenden, dem Du zugewandt, das er zu seinem Glück braucht und dem er viel zu selten dankt, daß es sich ihm zu schenken bereit ist. In einem einfachen Wort wird dies alles zusammengefaßt: Soll der Gebende nicht danken, daß der Nehmende nahm? Empfinden wird dies nur, wer vom Glück der Liebe weiß und wer selbst ohne Egoismus geliebt und einen Menschen an die Hand genommen hat, ohne etwas zu verlangen.

Der Unterschied zwischen solchem Glücklichsein und einem ichhaft besitzergreifenden Wunsch nach Glück liegt darin, daß wir Glückhaben meist als Besitz, Erfolg, Wohlergehen und als einen selbstgeschaffenen Verdienst betrachten. Glücklichsein aber reicht tiefer in unsere Seele und ist existentiell. Im Glücklichsein übersteigt der Mensch sein raum- und zeitbegrenztes Ich und nimmt auch den anderen in seine Seligkeit hinein.

Bonaventura schreibt:

„Nur der kann selig werden,
der über sich selbst hinaussteigt
nicht dem Leibe, sondern dem Herzen nach."

Glücklichsein ist so stark mit Sehnsucht und Hoffnung des Menschen verbunden, daß mit dem Leben zugleich dieser Durst nach Glückseligkeit angelegt sein muß als Mitgift seines göttlichen Ursprungs und als Verheißung seiner Zukunft in einem Zustand ewiger Seligkeit und Wonne. In diesem ist ihm wahre Heimat verheißen.

Glücklichsein ist keine menschliche Eigenschaft oder Tugend. Es hängt auch nicht von menschlichem Gelingen ab, sondern ist die glückhafte Ganzheit des Lebens.

Der Buddhist nennt den höchsten Zustand in Brahman „sat-chit-ananda", Sein, Bewußtsein, Glückseligkeit. Vom Außer-sich-Sein, vom Übersteigen seiner Ichhaftigkeit, von dieser Ekstase, in der Wonne und Glückseligkeit beheimatet sind, sprechen auch die Mystiker in vielfältigsten Ausdrücken, ohne jedoch in Begriffen einengen zu können, was die „geistliche Trunkenheit" ist, das „Wonnegefühl", das zuweilen so groß wird, „daß der Mensch meint, ihm müsse das Herz bersten" (Ruysbroek).

Theresa von Ávila nennt die Beschauung Gottes in ihren Visionen „Wonne und Seligkeit". In einer Predigt spricht Johannes Tauler von der großen Wonne, die dem wohlbereiteten Geist geschenkt wird: „Von dieser Empfindung einen einzigen Tropfen zu fühlen und zu schmecken, dieser eine Tropfen übertrifft und löscht aus allen Geschmack und alle Süßigkeit, die alle Kreaturen in aller Weise, die man denken und geben kann, zu leisten vermögen."

Der Mensch im Zeitgeschehen

Unser heutiges technisches Zeitalter ist erfüllt von einer Vielzahl von Ereignissen, die durch die Massenmedien an uns herangetragen werden und mit Informationen und Kommentaren versehen sind, die das Geschehen nach allgemeingültigen Gesichtspunkten und auf einem geringen Niveau vermitteln.

Uns wird zwar durch die Informationen gezeigt und durch die Berichte dargelegt, was in der Welt geschieht, nicht aber, was dies bedeutet und im Grunde besagt. So wird dem Menschen keine Anregung zu eigenem Mitdenken, Nachsinnen oder zur Entfaltung persönlicher Ansichten gegeben.

Die vielfältigen Ereignisse, die in den Massenmedien vor unseren Augen und Ohren abrollen, reihen sich so schnell aneinander, daß der Mensch dem Dargebotenen gegenüber ohne innere Beteiligung, gleichgültig und abgestumpft bleibt oder von Angst und Schrecken erfüllt wird, die er zu verdrängen sucht, weil sie sein Verständnisvermögen beunruhigen und seine innere Sicherheit ins Schwanken bringen.

Durch eine mögliche Konfrontation mit den Ereignissen und ein bewußtes Auseinandersetzen mit den Tatsachen, die unseren Intellekt und unsere wissenschaftliche Erkenntnis verstärken, würden die persönliche Teilnahme und schöpferische Initiative des einzelnen geweckt; die Masseninformationen oder -suggestionen aber richten sich an ein undifferenziertes Niveau, das mehr von der Quantität als von der Qualität des Beschaffenen ausgeht.

Die Ereignisse werden zu Nachrichten verarbeitet, wobei das Spektakuläre ins grelle Licht gehoben wird und das Sensationelle eine wesentliche, die Emotionen aufreizende, eigenmächtige und vom Menschen nicht gesteuerte Rolle spielt.

Die Gesichtspunkte, nach denen Informationen ausgestrahlt werden, richten sich nach politischen, wirtschaftlichen, finanziellen oder militärischen Kriterien, nicht aber nach ihrer sinnvollen Bedeutung für menschliche Interessen. Wenn man sich nicht mit dem begnügen will, was als Allgemeingut weitergegeben wird, muß man selbst eine Auslese treffen, so daß man nicht als Konsument und Nurverbraucher alles wahllos in sich aufnimmt und nach allem greift, was geboten wird.

Wir haben nicht nur leibliche Sinnesorgane, sondern auch innere Wahrnehmungskräfte. Dies sind „göttliche Sinne", wie der Prediger Salomon sie nennt, oder – nach einem Ausdruck des Propheten Jeremias – „Sinne des Herzens", „geübte Sinne zur Unterscheidung des Guten und Bösen", wie es bei Paulus heißt. Auch diese sind an dem beteiligt, was durch die Tore der Sinnesorgane eindringt, so daß der ganzheitliche Mensch im Mittelpunkt steht, nicht irgendein Ereignis oder Ding.

Die Empfänglichkeit der inneren Sinne hängt von der Aufmerksamkeit ab, mit der etwas gesehen oder gehört wird. Die Sinne des Herzens treten nur in Aktion, wenn das Erfahrene auch Seele und Gemüt berührt und wenn genügend Zeit und Geduld gegeben sind, um nicht nur etwas in sich aufzunehmen, sondern es auch auf seine

Wahrheit und leib-geistige Wirklichkeit hin zu prüfen. Nur so ist eine Unterscheidung zu treffen, die bewertet, was aufzunehmen oder abzulehnen ist.

Das wichtigste „Sinnorgan“ ist das Gewissen, die innere Stimme, die dem Menschen ebenso eingegeben ist wie seine Sehnsucht nach der Transzendenz. Abgesehen von Schuldgefühlen oder anerzogenem Pflichtbewußtsein und psychologischen wie ethischen Maßstäben, die der Mensch sich selbst auferlegt, verfügt er existentiell über ein inneres Wissen, das ihn erkennen läßt, was Gott als „Gut-sein“ seiner Schöpfung einprägte. In seiner Freiheit aber hat er auch die Macht, dieses Gutsein zu zerstören und andere Maßstäbe an seine Stelle zu setzen. Die Selbständigkeit des mündigen Menschen wirft die Frage auf, ob sein Gewissen schon jetzt solchen Veränderungen unterliegt, zumal wenn er sich der aktuellen Wirklichkeit und seiner eigenen Erfahrung unterstellt und nicht über theoretische oder abstrakte Begriffe spricht.

Die Naturgrundlage des Gewissens ist im Bereich unmittelbarer Instinkte zu suchen, die durch Vorschriften, Tabus, Zeremonien, Kulte eingeordnet und gebunden wurden.

Die alten Griechen und Römer, denen der Begriff des Gewissens vertraut war, verstanden darunter eine ordnende Instanz, die in den Händen von Naturgottheiten lag. Was gut und böse, recht und unrecht, sittlich oder verderblich war, unterlag einer unerbittlichen höheren Gerechtigkeit, der sich der noch im Kollektiv Eingebundene zu unterwerfen hatte. Die Gottheiten waren Hüter der Sitte, der Ordnung und des Rechtes.

In Israel wurde der Glaube an die Gerechtigkeit, an Lohn und Strafe von der Erfahrung des Gewissens unterstützt und lebendig erhalten. Die Gebote oder Verbote

– „du sollst" oder „du sollst nicht" – bildeten die Grundlage des Gewissens. Dieses wußte sich an die sittliche Ordnung gebunden, deren Niederschlag in den Gesetzen der jüdischen Thora zu finden sind. Die Verpflichtung einem Sittengesetz gegenüber bestimmte den kategorischen Imperativ Kants. Er überzeugte das 18. Jahrhundert, daß ein System absolut gültiger allgemeiner Rechtsgrundsätze entwickelt werden und für den Menschen bindend sein müßte. Das Leben des einzelnen wurde gewahrt durch festgelegte Gesetze, die sich im Gewissen niederschlugen.

Unabhängig von philosophischen Theorien richtete sich das Gewissen meist nach sozialen Instinkten und Verhaltensweisen, die mit der zunehmenden Erkenntnis in das Bewußtsein hinaufgehoben wurden. Eine solche Gewissensbildung hat mit Erziehung, Sitte, Brauchtum und mit Pflichten zu tun, die vom Menschen ein ganz bestimmtes Verhalten der Gesellschaft gegenüber verlangen. Geschärft wurde sie durch Strafe und Ablehnung oder durch Belohnung und Anerkennung der Gesellschaft.

Seine persönlichste Form empfing das Gewissen durch die Verbindung mit christlichen Wertvorstellungen, auch wenn das Wort Gewissen im Sprachgebrauch des frühen Christen nicht vorkommt. Paulus stellt im Römerbrief (13,4ff.) das Gewissen zwar in den Zusammenhang mit den Geboten der Thora, aber diese müssen übereinstimmen mit den sittlichen Forderungen, die sich im Herzen des Menschen bekunden. Die Anerkennung eines persönlichen Gewissens gibt dem Menschen das Recht auf die Eigenart und Selbständigkeit des persönlichen Urteils und auch die Freiheit, sich durchzusetzen. Im islamischen Koran heißt es: „Warum sollte ich meine Freiheit lassen richten von eines anderen Gewissen?"

Nach christlicher Auffassung entstammt das Gewissen

dem Verhältnis des Menschen zu Gott und wird deshalb auch die Stimme Gottes genannt. Bei Luther heißt es: „Es ist ein Zeugnis, das die Sachen betrifft, da man mit Gott zu tun hat.“

Die Sache mit Gott – nun stehen wir inmitten unserer Zeit. Wer hat, so möchten wir fragen, heute noch eine Sache mit Gott? Ist dieser nicht für die meisten unwesentlich geworden, für viele sogar tot? Und wenn Gott nicht mehr existiert, dann kann es auch keinen transzendenten Wertbezug mehr für das Gewissen geben, kein Wissen um Gut und Böse oder um das dem Menschen Zuträgliche oder Verderbliche.

Nachdem die heutige Jugend keine Autorität mehr anerkennen möchte und sich aus allen Bindungen lösen will, lehnt sie auch alles ab, was aus Erziehung, Sitte oder Tradition als Gebot oder Verbot ihr Gewissen belastet; was – nach Freud – zu einem so starken Schuldgefühl anwachsen kann, daß der Mensch schon von Kind an unter schwersten Angstkomplexen leidet. Mit dem Wegträumen von Autorität, Konvention und Beschränkung hofft der Jugendliche sich dem sogenannten Establishment entziehen und frei ausleben zu können. Dies war auch Anliegen der älteren Generation, doch ihre Beweggründe waren andere. In der Zeit Hitlers wandelte sich das Gewissen vieler Deutscher. Es wurde pervertiert, geleugnet oder gespalten, so daß es nicht mehr gültige Normen für das gab, was dem Menschen zuträglich oder verderblich, was sittlich oder unsittlich ist.

In unseren Tagen sind wir Zeugen eines Nebeneinanders von Aggressivität, Brutalität und dennoch Menschlichkeit, was nur möglich ist, weil es kein Gewissen mehr gibt. Die Frau eines Bombenfliegers, der über Nordvietnam Napalmbomben abwarf, sagte bei einem

Interview, daß sie und ihre Kinder jede Nacht um seine heile Rückkehr beteten und daß sie ihn in jedem Brief bat, er möge sich nicht unnötigen Gefahren aussetzen. Sie konnte gar nicht die Wahrheit erfassen, daß man nicht zugleich Menschen töten und dennoch ein sorgender Familienvater sein kann.

In Wirklichkeit hätte das Zeitalter des mündigen Menschen das persönliche Urteil stärken und ihm die Möglichkeit geben müssen, nach eigenem Gewissen sich zu entscheiden. Wenn der Mensch bewußt wird und weiß, was er tun und lassen kann, dann müßte er auch die Folgen hieraus ziehen und nicht, wie es heute so oft geschieht, aus Reaktionen leben oder aus Aggressionen heraus handeln.

Der Mensch hat in großem Maße seinen Standpunkt verloren und lebt auf der Flucht vor sich selbst, in Entgrenzungen, die sein Personsein auflösen, oder betäubt von Lärm, Vergnügen und vielen Angeboten einer in Würde und Sittlichkeit pervertierenden Zeit. Ohne festen inneren Halt, ohne Gewißheit dessen, was dem Menschen zuträglich oder verderblich ist, wird man nicht nur die Stimme Gottes überhören, sondern auch nicht mehr die Stimme des innersten Wesens vernehmen, die verbunden ist mit einem höheren Sein und maßgebend ist für ein heiles Gewissen.

Im Evangelium warnt der Apostel vor den finsteren Mächten, die den Menschen umgeben.

Wer diese mythischen Bilder nicht wahrhaben will, sollte sich überlegen, ob es nicht genügend dunkle Kräfte in unser aller Leben gibt – Mächte der Bosheit, der Grausamkeit, der Selbstüberheblichkeit. Ist das Manipulieren des Lebens, das Eingreifen in seinen Ursprung selbst nicht ein satanisches Spiel, ebenso wie Zerstörungswut und Nihilismus, die an den Abgrund des Todes führen? Wenn es kein Gewissen mehr gibt, kein Wissen mehr um Gut und Böse, um Heiles und Unheiles, dann kann der Mensch auch das Leben verletzen, das ihm nicht mehr heilig ist.

In der Ehrfurcht vor dem Leben und der Bejahung des Lebendigen liegt das einmalig Menschliche. Dieses Leben verlangt einen weiten Spielraum der Freiheit, der schöpferischen Bewegung, der Zuwendung zueinander, der Gemeinsamkeit, die über das fixierte Ichgehäuse des einzelnen hinausführt. Im Leben ist der Mensch nicht allein. Jeder ist auf einen anderen bezogen und verantwortlich für ihn. Dies mag eine neue Art von Gewissen wecken, ein Gewissen, das die Unverletzbarkeit des anderen verlangt und das Leben schützt. Es wäre die Voraussetzung für ein soziales, wirtschaftliches, politisches Zusammenleben.

Der mündige Mensch, der die Verantwortung über sein Leben übernehmen will und muß, hat die Verpflichtung mitübernommen, „Mensch“ zu sein und sich jeder Bevormundung auf diesem Weg zu entziehen. Mündigkeit umfaßt alle Bereiche, sowohl die verstandesmäßigen wie die seelisch-geistigen. Der mündige Mensch muß nicht nur im Urteil und in der Erkenntnis „erwachsen“ sein, sondern muß auch über eine innere Reife verfügen, die ihn über das rein Triebhafte erhebt. Diese Souveränität ist kein Besitz, über den wir schon von Geburt an oder in jungen Jahren verfügen, sondern ein Ziel, das vielleicht kaum einer erreicht.

Zu dem Überlegensein des Menschen über die Natur- und Tierwelt gehört das Wissen um einen Maßstab, nach dem man sich und sein Tun richten kann. Wird dieser Maßstab am Leben bemessen und damit an der mitmenschlichen Zuwendung zueinander, dann wird sich auch wieder ein Gewissen regen, das dort aufwacht, wo dem eigenen Leben oder dem des anderen Schaden zugefügt wird. Daß es einen Schöpfer des Lebens gibt, der das Sein noch immer nicht aus seinen Händen gegeben hat, daß es bei dem Propheten Jesaja heißt, Gott sei der „Liebhaber des Lebens", wäre in diesem Zusammenhang sehr wesentlich.

Reinhold Schneider sagt von Christus, daß er nicht „ein Gesetz erlassen, sondern ein Leben geschaffen habe: das Leben in ihm und mit ihm". Er ist jenseits der irdischen Welt und bedarf keines besonderen Ortes und keines Raumes, der dem Menschen zubestimmt ist.

Gott erfüllt unser Leben mit seiner Gegenwart. Darum ist er mir überall vertraut und lebt um mich, in mir, mir nahe. Das Gewissen ist keine sittliche Norm oder rationale Überlegung. Es ist die Instanz des Herzens, der Grund, der das Leben bejaht und den das Leben schützt. Zerstörung und Nihilismus, Manipulierung wie Manipuliertwerden sind dem Leben feind und dem Gewissen fremd. Jeder Gewissensentscheid ist ein Bekenntnis zum Leben und das Jasagen zum Lebenfördernden in sich selbst und im anderen. In der liebenden Zuwendung erweist sich, was gut und böse, zuträglich oder verderblich – mir und meinem Nächsten – ist.

Wenn das Gewissen nicht mehr Gültigkeit hat, dann verliert der Mensch sein Menschsein, in das er aus Liebe von Gottes Hand geschaffen wurde. Er stellt sich auch unter die Ordnung der Tierwelt, die ihren naturgegebenen Instinkten folgt. Das Tier ist einer festen Naturordnung eingebunden, aus der es sich nicht in eigener Vollmacht herausstellen kann. Durch seine Art und seine Instinkte ist es eindimensional auf bestimmte Reaktionen und Verhaltensweisen ausgerichtet.

Der Mensch dagegen lebt in zwei Dimensionen, in der erdhaften und in der seelisch-geistigen. Er ist in seiner Offenheit und Freiheit nicht auf bestimmte Funktionen festgelegt. In unserer überbetont rationalen und technischen Zeitepoche aber hat er sich auf seinen Intellekt spezialisiert, mit dem er analysieren, erforschen, erkennen und die Dinge auseinanderlegen und verplanen kann. In der Datenbank des Computers wird sein Wissen gespeichert, zusammengefaßt und erhalten, aber von seinen Gefühlen abgespalten. Sein Verlangen nach Schöpfertum und seelischer Befriedigung ist nicht angesprochen; sein eingeborenes Streben nach Glück, Harmonie, Liebe und Freiheit findet kein Ziel.

Es bleibt nur ein Verlangen nach Ichbefriedigung, das oft verwechselt wird mit Befriedigung materieller Wünsche. Ich erinnere mich an einen Ausspruch Konrad Adenauers, der dem damaligen Wirtschaftsminister Erhard den Rat gab, nicht nur Waschmaschinen und bequeme Gebrauchsmittel dem Menschen zugänglich zu machen, sondern ihn auch im Religiösen und Geistigen anzusprechen.

Viele Bücher und Gespräche beschäftigen sich mit den negativen Aspekten der heutigen Zeit, vor allem mit den gefährlichen Auswirkungen der Technik. Dabei übersehen sie, daß diese an sich eine der genialsten Leistungen der schöpferischen Kräfte des Menschen ist. Nur wie dieser seine technischen Möglichkeiten verwertet und zu welchen Zwecken er sie einsetzt, ergibt die Gefahren, mit denen wir heute konfrontiert werden. Auf der einen Seite können wir den Fortschritt der wissenschaftlichen Erkenntnisse und technischen Leistungen bewundern und dankbar für sie sein; auf der anderen aber müssen wir in unserem eigenen Lebensbereich entscheiden, wieweit wir uns durch Gebrauch der Technik vom Lebendigen abwenden und vom Zweckdenken treiben lassen.

Nehmen wir ein Beispiel: Wir sitzen am Fernsehapparat, wir lesen die Zeitung oder gehen unserer Arbeit nach und sind so stark absorbiert, daß wir nichts Weiteres um uns wahrnehmen. In den Bereichen der Gefühle sind wir dabei oft abwesend und konzentrieren uns nicht auf das, was uns im Persönlichen berührt und dessen Bewältigung notwendig wäre. Würden wir dagegen im seelischen Bereich und in unserer Gefühlswelt Schwierigkeiten durchstehen und bis zu einer geforderten Lösung ertragen, würden wir dynamische Kräfte aufrufen und unsere inneren Tiefen spüren.

Das Zeitgeschehen, dessen Zuschauer wir werden, das aber in einer nicht mehr nachvollziehbaren Weise oder in einer nicht erreichbaren Ferne sich abspielt, füttert uns mit Informationen, die auf der Oberfläche bleiben. Natürlich können wir einschalten oder hören, was uns interessiert, was zur Orientierung, zur Entspannung oder zur Anregung für eigenes Nachdenken führt. Doch wir handeln schon ganz mechanisch, wenn wir den Fernseher anstellen. Wie kann es aber möglich oder seelisch ertragbar sein, hintereinander Sendungen zu sehen über Terror, Krieg, Unfälle, Tod oder Galaabende, über Hochzeiten, Hitparaden und Shows und wirklich daran beteiligt sein? Dies gleicht einer Vernichtung der empfindsamen seelischen Gefühle und greift in die Existenz des Menschen ein, die Einheit und Harmonie sucht.

Wenn wir uns – und dies nicht nur beim Fernsehen – auf das konzentrieren und das in uns hineinnehmen, was unser Bewußtseinsfeld erweitern und unseren Erfahrungsbereich vertiefen kann, fordern wir unsere kreativen Kräfte heraus im Nachvollziehen oder in Gegenwehr.

Niemand kann sich in seiner Mitverantwortung für die Welt aus dem Zeitgeschehen herausstellen oder sich von dem fernhalten, was um ihn geschieht. Es ist unser persönliches Schicksal, daß wir in diese oder jene Zeit, unter guten oder schlechten Vorbedingungen und mit den verschiedensten Anlagen in eine geschichtliche Situation hineingestellt wurden. Doch was wir in dieser Situation vollziehen, steht in unserem eigenen Ermessen und gehört in den Bereich unserer Freiheit.

Es besteht ein Zusammenhang zwischen der Weltwirklichkeit und der Innerlichkeit des Menschen. Wenn ein geschichtlicher Vorgang auf eigene seelische Erfahrungen trifft, vollzieht sich ein fruchtbares Zusammenwirken. Ereignisse in der Welt können auch an geistiges Geschehen erinnern. Denn ein Ereignis kommt nicht allein aus äußeren Tatsachen, sondern wird zuvor seelisch vorbereitet und durch innerliches Verhalten und Gefühlseindrücke angezogen.

Eine sehr menschliche und verbreitete Gewohnheit läßt uns aus Emotionen oder theoretisch „vom grünen Tisch“ aus Menschen und Geschehnisse beurteilen oder verurteilen, obwohl wir letztendlich ihr Verhalten nicht übersehen können. Das Abwerten ist uns eigen, weil wir uns dabei auf eine höhere Stufe stellen und in der Meinung, alles besser zu wissen, das andere oder den anderen niederdrücken.

Urteilen und bewerten können wir nur von einem festen Standpunkt aus, der durch ethische oder religiöse Motive begründet ist. Und jeder, der ein Urteil abgibt oder Kritik übt, sollte wissen, worum es zutiefst geht, und nicht von einem oberflächlichen Schein ausgehen. Es liegt in der persönlichen Verantwortung eines jeden, ob er aus Ereignissen und Begegnungen Gutes oder Schlechtes freilegt. Wenn wir wahrnehmen, wie etwas ist, nicht wie es uns erscheint, dann wird unsere Beobachtung und unser Urteil gegenwärtig und nicht von subjektiven Emotionen oder von erlerntem Wissen verstellt.

Wird uns ein Geschehen durch Fernsehen oder Radio nahegebracht, dann ist es im Bild oder Wort schon der Wirklichkeit entfremdet. Deshalb müssen wir uns auf weniges konzentrieren, es in unser Inneres hineinnehmen, um an diesem zu beurteilen und zu prüfen, was wir selbst erfahren haben. Theoretisches Analysieren hat letztendlich keinen gültigen Wert, weil es Teile aus einem Gesamt herausnimmt und seziert. Das Zusammenfügen aber bedarf eines neuen schöpferischen Aktes. Der Verstand läßt erstarren, was die Seele nicht berührt.

Sobald die Spaltung zwischen Denken und seelischem Erleben überbrückt ist, wird der ganze Mensch angesprochen. Wir können dies nachspüren. Nehmen wir uns die Zeit, um einem Gehörten oder Gesehenen innerlich nachzugehen, dann lösen sich vorgefaßte Meinungen, kollektive Ansichten, Vorurteile, Emotionen und angelerntes Wissen. Wir werden offen und frei für das im Augenblick Wahrgenommene und Mitgeteilte und gewinnen eine andere Dimension der Betrachtung, in der wir fragen, was Gott uns durch ein Ereignis oder einen Menschen ganz konkret sagen will.

In unserer Zeit, die durch Gewalt und Angst geprägt ist, werden wir als Menschen, die bewußt dieser anderen Dimension innegeworden sind, in greller, nicht zu übersehender Deutlichkeit mit Bosheit und Machtkampf, mit Aggressionen und Zynismus konfrontiert, die ausgeführt werden von Gruppen, Zellen und – wie es heißt – von einem „harten Kern". In ihm sammelt sich der Wille zur Zerstörung und Vernichtung. Wir hören von Greueltaten, lesen darüber und nehmen sie auf dem Bildschirm wahr.

Wir können uns nicht in eine unwissende Naivität zurückziehen oder uns vor Tatsachen verstecken, die durch die Medien auch in die entferntesten Orte dringen. Unsere Reaktionen sind verschieden: einmal Aggressionen, Erregung und Empörung, Wut, Erbitterung, Anklage und Entsetzen, zum anderen das hoffnungslose Gefühl der Ohnmacht oder lähmende Angst und Verzweiflung.

Man kann auch unbeteiligt und gleichgültig bleiben, sogar ein Gefühl der Erleichterung empfinden, weil man selbst nicht betroffen ist. Alle diese Reaktionen aber blokkieren oder verfehlen ein persönliches Eingehen auf die tragischen Ereignisse, deren Zuschauer wir werden. Dieses kann sich nur im eigenen Innern vollziehen, wenn wir prüfen, in welcher Weise wir selbst Ärgernis hervorrufen oder Aggressionen wecken und Triebimpulsen freien Lauf lassen, die von unheilvoller Wirkung sein können. Im Gegensatz hierzu können ein Gebet für die Leidenden und Verfolgten, ein Dank für das eigene Bewahrtsein, ebenso heile Ordnung in uns selbst und in der persönlichen Umwelt oder die Kraft des Glaubens und die Hoffnung auf Gottes Gerechtigkeit die böswilligen Kräfte der Vernichtung entmachten.

Um das Wort Gottes, als den festen Kern in der Ungewißheit aller Dinge, können sich angesichts der gewalttätigen Gruppen und der Zellen von Lüge und Zerstörung Gemeinschaften und Bruderschaften sammeln, die bereit sind, in Mitleiden und Liebe sich unter das Kreuz zu stellen, wie dies auch mancherorts geschieht.

Ein anderes Beispiel ist die erschreckende Anzahl von Entführungen und Geiselnahmen in unserer Zeit. Suchen wir über die offensichtlichen Beweggründe der Terroristen hinaus die Wurzeln solcher Machenschaften, dann erkennen wir sie als Angriff gegen Gott selbst, als Verhöhnung seines Ebenbildes im Menschen.

Jeder einzelne hat einen unersetzbaren und nicht austauschbaren Auftrag im Gesamt der Menschheit zu erfüllen. Denn diese ist keine gleichförmige Masse, sondern die Gemeinschaft persönlicher Menschen, die ihren von Gott bestimmten Platz und ihre Aufgabe in der Schöpfung haben. Niemand kann durch einen anderen beliebig ausgewechselt oder für materielle Gegenleistungen ausgetauscht werden.

Trotz der technischen Abschirmungen und festgefügten Strukturen ist im Abendland die Unsicherheit und Ungeborgenheit als Angst und Unruhe zu einem ständigen Begleiter des Menschen geworden. Im Blickfeld solcher Ängste und Zwänge, noch durch Flüchtlingsschicksale, Erdbeben und andere Katastrophen verstärkt, könnte nur die Verheißung einer Geborgenheit in Gott neue Hoffnung auf einen sicheren und ruhenden Punkt geben. „Denn du bist mir Schutz und Zuflucht", heißt es im 59. Psalm.

Zur Frage des Schutzes gehört auch das heute vieldiskutierte Problem der Aufhebung des Abtreibungsverbotes. Dieses kann nur im Zusammenhang mit der Ehrfurcht vor dem Leben beurteilt werden und aufgrund der Entscheidung, ob das Leben verfügbar oder ein Geschenk Gottes ist.

Hier stellt sich auch die Frage, ob Leben, das durch Alter, Unfall oder Krankheit nur noch zur biologischen Funktion geworden ist, unter Mißachtung der menschlichen Würde erhalten werden darf. Doch diese Frage kann noch tiefer gefaßt werden, wenn wir bedenken, daß durch staatliche Gesetze dem Menschen, der über das noch nicht geborene Leben verfügen kann, die Freiheit genommen, wird, über sein eigenes Leben zu bestimmen, wenn er es nicht mehr ertragen kann. Eine Entscheidung in solchen Fragen, die zu den letzten Dingen des menschlichen Lebens gehören, sollte einem anderen Gebot unterstehen als dem der menschlichen Verfügbarkeit.

Schon die Geburtenregelung ist in diesem Sinn zwiespältig. Ist sie eine Notwendigkeit, aus bewußter Entscheidung getroffen, oder wird sie nur aus Angst vor Belastungen und dem Verlangen nach freiem Ausleben vollzogen? Wo liegt die Zuständigkeit, der menschliche Standort, der hier verbindlich ist?

Je bewußter die Ereignisse, die sich in der Welt abspielen, mit der persönlichen Haltung eines Menschen in Beziehung gebracht werden, um so mehr werden sie aus einem allgemeinen Prozeß herausgehoben und nicht von öffentlichen Meinungen und allgemeinen Informationen bestimmt, sondern von bewußten eigenen Entschlüssen.

Die Nivellierung ist eine Gefahr, die viel weiter verbreitet ist, als man dies in einer Zeit der Mündigkeit und Selbständigkeit des einzelnen annehmen sollte. Wir können dies auf verschiedenen Gebieten beobachten. Bleiben wir beim Fernsehen. Bei den Nachrichten zum Beispiel sitzt uns ein Mensch gegenüber, der gute und schlechte Informationen mit gleicher Stimme vorträgt, unbeweglich, ohne Anteilnahme und Gefühl. So ist es ihm angewiesen. Die Stimme bleibt auf einer gleichen Lage, die Hände werden möglichst wenig bewegt, und keine Veränderungen zeigen sich auf den Zügen, die vorprogrammiert und unter das Diktat gleichbleibender Freundlichkeit gestellt sind. Man muß sich überlegen, ob ein solcher Mensch lebendig oder eine Marionette ist.

Ein anderes Beispiel: Der Mensch mit dem spezialisierten Denken, das er für bestimmte Fachgebiete nötig hat, vermeidet in seinem persönlichen Leben Entscheidung und Einsatz, die eigenes Denken erfordern oder sein Gefühl belasten, so daß er nur noch automatisch handelt und reagiert und zu einer mechanischen Funktion wird ohne eigene Initiative. Dies geschieht zeitweilig unter dem Motto der Anpassung und Toleranz. Diese aber sind gefährlich oder sinnlos, wenn sie nicht von innerer Kraft oder einer Idee getragen werden, sondern nur ein Ausweichen bedeuten. Häufig antworten Menschen, die sich nicht zu einem klaren Ja oder Nein entscheiden können, sondern sich der Allgemeinheit anpassen, mit dem Zwischending eines „Jein", das völlig unverbindlich ist. Nicht selten steht auch ein Mensch Fragen und Herausforderungen ablehnend gegenüber, weil er sich nicht festlegen, sich nicht engagieren und aus dem Gewohnten nicht heraustreten will. Eher wird Kritik geübt und abgewertet als etwas Neues an die Stelle gesetzt.

Negative Gedanken, abwertende Gefühle und verurteilende Kritik schaffen eine stumpfe, glanzlose Atmosphäre zwischen den Menschen und hemmen jeden Aufwärtsschwung. Dadurch wird der Kontakt zwischen Ich und Du und ein unmittelbares Reagieren auf Ereignisse unterbrochen. Anders ist es, wenn eine Pause des aufmerksamen Zuhörens, ein inneres Aufnehmen und Bedenken übereilte Emotionen zurückhält und verarbeitet, ehe sie sich spontan auswirken.

Am Abend, wenn wir in unserer Erinnerung sammeln, was wir an einem Tag gedacht, getan und erlebt haben, werden wir uns erst bewußt, daß vieles an unseren Ohren und Augen vorbeilief, ohne daß wir wirklich da waren, hinsahen oder zuhörten. Wir sind selten gegenwärtig und reden oft aneinander vorbei. Der Grund ist, daß wir gar nicht auf den anderen eingehen.

Dies geschieht selbst im Raum der Freundschaft oder Partnerschaft. Wir machen uns vom anderen ein Bild, das er unserer Meinung nach darstellen sollte, und fällen schnell ein Urteil, das von unseren Wünschen und Meinungen gefärbt ist. In eine solche Beurteilung legen wir unsere eigenen Erlebnisse, Vorstellungen, unsere Schwierigkeiten, Verletzungen und Probleme hinein. Es ist auch schwer möglich, einen anderen zu verstehen, wenn wir noch gar nicht zu unserer eigenen Selbsterkenntnis gekommen sind; oder Ordnungen und gewohnte Lebensweisen abzubauen, wenn wir noch gar nicht wissen, was wir an ihre Stelle setzen können.

Nachdem wir täglich intensiv durch Bild und Ton mit Informationen und Situationen aus der gesamten Welt konfrontiert werden, müssen wir uns mit ihnen auseinandersetzen. Wenn dies nicht geschieht, bleiben unverarbeitete Emotionen in uns lebendig und wirken weiter im Unbewußten. Die Annahme, daß in unserer Zeit, die auf die Befreiung des Menschen von allen Bindungen und Belastungen ausgerichtet ist und keine Autorität und Bevormundung anerkennt, die Zahl der psychisch Kranken abgenommen hat, ist falsch.

Es gibt viel mehr depressive, verzweifelte und hoffnungslose Menschen, viel mehr Kranke, die unter Ängsten und Zwängen leiden, mehr Alte, die trotz sozialer Hilfen der Einsamkeit verfallen, und Junge, die zu Drogen greifen oder zerstören und rebellieren, weil sie mit sich selbst in ihrer mißverstandenen Freiheit nicht fertig werden.

Wenn wir uns dies überlegen, so dürfen wir dennoch nicht an der Situation des heutigen Lebens verzweifeln. Genau das Gegenteil sollte geschehen. Wir könnten die große Chance ergreifen und wirklich der sein, der wir sind: der Mensch zwischen Himmel und Erde, zwischen

Zeit und Ewigkeit. Die Sehnsucht, die uns drängt, auch wenn sie nach falschen Zielen verlangt, die Hoffnung, auch wenn sie uns von einer Enttäuschung zur anderen treibt, die Aggression oder innere Erschöpfung, die uns quälen und am Dasein leiden lassen, das alles sind nur Zeichen, daß wir nach einem anderen greifen wollen als nach dem, was uns geboten wird oder zur Verfügung steht.

Der Mensch sehnt sich nach einer Vollkommenheit, die seinem Menschsein eingeprägt ist. Denn er ist, wie es der Mythos ausdrückt, das Ebenbild Gottes. Und wenn es noch soviel Perfektionismus in unseren technischen Leistungen gibt, so bleibt diese Sehnsucht nach Vollkommenheit weiter bestehen. Die Chance des Menschen ist der Einsatz seiner seelischen Möglichkeiten, der ihm eine neue Identität geben kann.

Die Identitätskrise, die heute nicht nur für die Frau gilt, sondern unter der auch der Mann leidet, wenn er sich nicht mit seinem Beruf identifiziert, hat das Menschenbild so stark verwischt, daß man seine echten Züge wieder aufdecken, vielleicht sogar neu entdecken muß. Doch nur mit Liebe und Verständnis wird der Mensch sein Identitätsbewußtsein wiederherstellen. Man kann es ihm nicht aufzwingen. Das hieße ihn seiner Freiheit berauben. Er muß in sich selbst erfahren, was und wer er ist.

Häufig wird von der Notwendigkeit gesprochen, der heutigen Gesellschaft ihre Maske herunterzureißen und sie der Heuchelei und des Betrugs zu überführen. Das Bloßlegen von Fehlern und Schwächen ist aber nicht das gleiche wie das Erkennen der Wahrheit. Und wenn der Mensch heute so schwach und verwundbar geworden ist, daß er sich nicht mehr in der Größe wie in der Schwäche seiner Existenz annehmen und bejahen kann, dann sollten die Hüllen und Masken, die sein Inneres verdecken, nicht lieblos und brutal niedergerissen werden, bevor sich nicht die Züge seines wahren Wesens wieder zusammengefügt haben.

Der ganze Mensch ist aufgerufen und kann sich nicht verstecken. Die Zeiten der Einheit mit Natur und Gottheit, die den Menschen der Frühgeschichte umfaßte und an ihre Ordnungen band, sind unwiderruflich vergangen, nachdem er bewußt geworden ist und seine Verstandeskräfte und rationalen Überlegungen übermächtig geworden sind. Er kann seine Augen nicht mehr vor der Realität verschließen, in der er nicht nur sich selbst begreifen, sondern sich auch der Welt und ihren Forderungen stellen muß. Er kann sich nicht vor dem Geschehen der Zeit verstecken, sondern muß seine Verantwortung ihr gegenüber auf sich nehmen. Er muß – und das ist seine Größe – auch dem Zeitgeschehen seinen Stempel aufprägen und darf sich nicht dem Zeit-„Geist" unterwerfen, der eine Zusammenfassung allgemeiner Überlegungen und Gewohnheiten ist.

Der Mensch in seiner Identität mit dem Menschsein kann Gott nicht ausschalten, weil er sich damit selbst negiert. Es ist ein Irrtum, nur von mitmenschlichen Beziehungen zu sprechen, da es nicht primär um „Brüder" und „Schwestern" geht, sondern um Gott, den Vater, der diese vereint.

Wenn sich die heutige Zeit fragt, ob man die Krankenschwestern nicht besser mit Frau anredet, dann zeigt sich der Bruch in der Gottbeziehung des Menschen. Gott in seiner Transzendenz wird eliminiert, um ihn in eine erfahrbare Realität mitmenschlicher Beziehung einzubauen. Er wird begraben von den Menschen, die nach Nietzsches Worten durch ein unendliches Nichts hin und her irren. „Irren wir nicht wie durch ein unendliches Nichts?

Haucht uns nicht der leere Raum an? Kommt nicht immerfort die Nacht und mehr Nacht? Müssen nicht Laternen angezündet werden? Hören wir noch nichts von dem Lärm der Totengräber, welche Gott begraben? Riechen wir noch nichts von der göttlichen Verwesung? – auch Götter verwesen. Gott ist tot! Gott bleibt tot!" Einem toten Gott aber kann kein Dienst geopfert werden. Somit ist es wohl ehrlicher, nicht mehr Schwester im Hinblick auf die Brüderlichkeit in Gott zu heißen, sondern den Namen zu benutzen, mit dem uns die Welt nennt. Im klösterlichen Bereich wird der Name „Schwester" dann um so mehr aufgewertet.

Gäbe es tatsächlich keinen Gott, dann wäre der Mensch längst zum Übermenschen geworden, den Nietzsche schilderte. Doch er vermag nicht aus sich selbst zu leben und nur den einen Teil seines Menschseins, das Leibliche, zu entwickeln. Dies erfahren wir in unserer Zeit, in der wir trotz des technischen Fortschritts oft ohnmächtig vor dem Übermaß an Bosheit und Unmenschlichkeit stehen.

Ohne den Blick über sich selbst hinaus tritt die Dimension nicht in das Gesichtsfeld, von der aus Sinn und Ziel eines Lebens erkennbar werden. Jeder einzelne hat einen bestimmten und einmaligen Auftrag zu erfüllen. Dies besagt nicht nur das Gleichnis von den Talenten oder der Gedanke des wesenseigenen Namens – „ich habe dich bei deinem Namen gerufen" –, sondern auch eine Stelle der Bhagavadgita. In diesem philosophischen Lehrgedicht der Hindus heißt es: „Der Weise tut nur das, was seinem Wesen entspricht … Besser ist es, die eigene Pflicht zu erfüllen, auch wenn ihr kein Erfolg beschieden, als wohlerfüllt des anderen Pflicht zu tun. Und brächte auch die eigene Pflicht den Tod, die fremde Pflicht bringt doch nichts als Gefahr" (Kap. 3).

Selbst wenn er es vermöchte, sollte der Mensch nicht eines anderen Aufgabe ausführen; denn er kann im Grunde dem anderen seine Verantwortung als Antwort auf dessen Begabungen und Möglichkeiten nicht abnehmen. Dem auf gemeinsame Bedürfnisse, Interessen, Gefühle und Handlungen gleichgeschalteten Menschen wird es kaum gelingen, sich auf seinen persönlichen Auftrag, Sinn und Weg zu besinnen. Durch eine solche Schwächung seiner Eigenart und Verantwortlichkeit aber verliert er Halt und Widerstandskraft, deren er bedarf, wenn er, durch innere oder äußere Umstände gezwungen, aus der allgemeinen Nivellierung heraustreten muß.

So mächtig er auch in einem künstlich abgegrenzten Raum von Meinungen und kollektiven Suggestionen erscheinen mag, so ungeborgen und unsicher wird er sich im Bereich eines persönlichen Verhaltens und Gestaltens erweisen. Auch wenn der Mensch nur in sachlichen Leistungen und Funktionen aufgeht, verliert er das Verantwortliche und Eigene, das ihn im wahren Sinn erst zum Menschen macht.

Würde die Weltordnung eingehalten, die selbst in der Pflanzen- und Tierwelt nie etwas genau Gleiches aufzeigt, sondern jedem Geschaffenen eine eigene, wenn auch noch so geringe Prägung verleiht, dann wäre auch die Frage der Autorität heute nicht zu einem Problem geworden. Eingedenk, daß derjenige, der die stärkste Verantwortung hat, auch die hierfür erforderlichen Fähigkeiten besitzen muß, ist Autorität an die Glaubwürdigkeit einer Person gebunden, und nur diese kann zu ihrem Einsatz verpflichten. Ohne äußere und innere Ordnung, die ganz etwas anderes sind als kleinliche Bürokratie, wird der Mensch nicht zu einem standfesten Halt und zu einem Verständnis seiner selbst und seines Lebensweges kommen.

Nachdem die überlieferten Werte zerstört und Ordnungen vernichtet werden, kann die Krise unserer Zeit nur fruchtbar sein, wenn an die Stelle der Tradition eine neue Erfahrung und ein neues Selbstverständnis treten. Vielleicht werden diese eine Neubesinnung auf die alten und im Grunde immer gültigen Werte veranlassen, nun aber bezeugt von der persönlichen Erfahrung und Prüfung. Die Zerstörung alter Formen braucht nicht die darin enthaltenen existentiellen Werte mitzuvernichten.

Eines der beliebtesten Schlagworte unerer Zeit ist der Begriff Humanismus. In einer Welt ohne Ausblick in eine Transzendenz und ohne einen geistigen Hintergrund ist dieses Wort sinnlos. Wahre Menschlichkeit birgt das Geheimnis der Menschwerdung Gottes in sich und kann nur von einem Wesen vollzogen werden, für das es Freiheit und Liebe gibt. Es geht aber dem sozialistischen „Humanismus", und oft auch der sogenannten Menschlichkeit, nicht um den einmaligen persönlichen Menschen, der im Raum der inneren Freiheit seine seelischen Kräfte entbindet, sondern um allgemeine Nützlichkeitsinteressen und die Erfüllung kollektiver Bedürfnisse.

Der Mensch wird zu einem Objekt der Reklame und des Konsums, sobald der unbeschränkte Gebrauch der Freiheit ohne Anerkennung eines Ordnungsprinzips oder eines Wertbezuges nur noch der Überschreitung aller Grenzen und dem Ausleben der Triebimpulse und Machtansprüche dient. Wenn es keine Spannungen und Widerstände mehr gibt, die man überwinden muß, wenn keine Moralbegriffe mehr bestehen, deren Bewältigung Mut und Verantwortung fordern, wenn Organisationen und Wohlfahrtsinstitute an die Stelle von Opfer und persönlichem Einsatz treten, wird die Menschlichkeit entwürdigt.

Ideale sind abgebaut, Illusionen zerstört, Traditionen

aufgegeben, Gebote ausgemerzt. Wie das Kind, das sein Spielzeug zerlegt hat, steht der Mensch vor den Teilen des Zerstörten. Die auseinandergenommenen Stücke will und kann er nicht mehr zusammenfügen. Es wäre auch eine Sisyphusarbeit, wie Camus im „Mythos vom Sisyphus" die Sinnlosigkeit des Lebens und der menschlichen Beziehungen nennt. Die Kräfte erschöpfen sich in Langeweile oder Enttäuschung.

Trotz aller Fortschritte und Erkenntnisse, trotz aller Sicherungen und Bequemlichkeiten, aller Anreize und Zerstreuungen erlebt der Mensch das immer gleiche: Er kreist auf der Peripherie und findet keine Mitte. Die Kreisbahn, auf der sich das Leben in stets schnelleren und wilderen Umdrehungen abspielt, bleibt ein Leerlauf und wird nach keiner Richtung durchstoßen. Nirgends führt der Ausblick auf ein sinnvolles Sein. Je stärker sich die Bewegung beschleunigt, um so schneller wird der Mensch, der kein Zentrum hat, herausgeschleudert in haltlose Verlassenheit. Er verfällt der Ausweglosigkeit, dem Nichts, das dem Schattendasein der Griechen vergleichbar ist, vor dem sich der Held mit Grauen abwendete und das die sterblichen Menschen mit Entsetzen und Angst erfüllte.

Zwänge und Angstgefühle hat der Mensch seiner Zeit aufgeprägt, und diese wiederum belasten ihn mit Schuldgefühlen und Erinnerungen an eine unbewältigte Vergangenheit, die sein Selbstbewußtsein und seine Tatkraft schwächen.

Die junge Generation versucht, durch Aggressionen und gewaltsame Zerstörung von Traditionen und Idealen tabula rasa zu machen und damit das Vergangene auszuradieren. Es gibt aber auch einen umgekehrten Weg: Der Mensch kann durch sein Verhalten Zeugnis ablegen für das Schöne und Gute, das trotz Grausamkeit, Bosheit und aller Unzulänglichkeit noch in Erscheinung tritt, wenn Kräfte der Liebe und des Opfers zum Einsatz kommen. Als Opfer für eine Idee, für die Gerechtigkeit oder für menschliche Werte zu sterben, kann auch dort, wo Unmenschlichkeit und Haß am Werke sind, noch Heilendes bewirken. Ebenso kann der Glaube Veränderungen herbeiführen, die nicht vorauszuplanen sind.

Wer aus einer Mitte lebt, die Gott im Herzen spürt, und wer sich der Hoffnung auf eine Vollkommenheit überläßt, die nicht von irdischen Zügen geprägt ist, erträgt die „Hölle" von der Sartre spricht, in der die Qual lebt, die die Menschen sich gegenseitig zufügen. „Ekel und Angst steigen auf, wenn man sich Rechenschaft über dieses Leben gibt." Von Sartre solche Worte zu hören, beweist die Ausweglosigkeit, die auch ihn umgibt, der die Welt nach seinen Maßstäben verändern will. An anderer Stelle schreibt er, daß es schrecklich sei, in die Hände von Menschen zu fallen: „Ich möchte lieber von einem unendlichen Wesen gerichtet werden als von denen, die meinesgleichen sind."

Menschen, die das Gottesbild in sich zerstört haben, sind nicht mehr fähig, das Leben des anderen zu achten und Ehrfurcht vor dem Lebendigen zu haben. Sie entwürdigen die menschlichen Werte und Rechte nicht nur durch Unterdrückung und Grausamkeit, sondern schon dort, wo der andere als Werkzeug mißbraucht und als Objekt ausgenutzt wird. Nur das nicht Machbare und nicht zu Manipulierende gehört in die Dimension, in der für Achtung und Ehrfurcht Raum gelassen ist.

In unserer Zeit der fortschreitenden Erkenntnisse und technischen Hochleistungen ist es nicht leicht, einen Menschen nach seinem inneren Wert zu bemessen und nicht nach seiner Arbeit und seinem Nutzen für die Gesellschaft. Ein Leben, das allein auf Leistung und Konsum eingestellt ist, ist sinnlos. Nur was sich über die Allgemeinheit und die materiellen Normen erhebt, hat seinen Sinn. Dieser liegt nicht in einer schöpferischen Tat, sei sie noch so bedeutend, sondern in der Gesinnung des Menschen. Auch ein Leben, das bescheiden und unbedeutend wirkt, kann sinnvoll sein, wenn es in rechter Weise bewältigt wird.

Sinnvoll ist alles, was aus Liebe geschieht oder im Dienst des Höheren steht. Sinnvoll ist deshalb auch das Leben eines alten Menschen, wenn er noch Hoffnung in sich trägt, oder das elende Dasein eines Kranken, der in Leiden und Not an seinem Menschsein nicht verzweifelt.

Im Gegensatz zum Tier, das, an seine Instinkte gebunden, nur das tut, worauf es von Natur her angelegt ist, hat der Mensch die Möglichkeit, über seine Unzulänglichkeit und die Niedrigkeiten der Welt hinauszuwachsen. Ein Vergleich mit dem Tier und seinem Verhalten ist deshalb nie voll gültig. Der Mensch verfügt sowohl über seelisch-geistige Kräfte, die im Tier nicht zum Bewußtsein kommen, wie er sich auch Methoden und Greueltaten ausdenken kann, die das von Natur aus in ihm Angelegte weit zurücklassen.

Ein abgründiger Haß liegt in der Welt, deren Streben nach Vollkommenheit in einen intellektuell erdachten und vom Lebendigen abgespaltenen Perfektionismus abgeglitten ist. Der Haß richtet sich nicht nur auf Menschen, sondern auf alles, was noch heil und geordnet ist. Wir können dies schon in der Aushöhlung unserer Sprache erkennen. Sie hat ihre Klangfülle und Tiefe verloren, wird häufig von Chiffren und Buchstaben ersetzt oder von Haß- und Schimpfworten, von makabren Ausdrücken und sexuellen Reizworten, die ebenso wie manche Hits und Popmusik emotionale Triebbereiche ansprechen und nicht mehr beherrschbare Emotionen freilassen.

Ein Verlust der lebendigen Sprache kann nur dort eintreten, wo ihr Gehalt so profaniert ist, daß er die Gefühle nicht mehr erreicht. Auch dies gehört in eine Zeit, in der Geduld und Muße fehlen, um zuzuhören, zu schauen und das Aufgenommene nachklingen zu lassen. Wir überspielen häufig die Grundregel, die ebenso gültig ist in der Natur wie im seelischen Bereich – die Regel, daß „ein jegliches Ding seine Zeit hat" und daß man den Rhythmus von Vorbereitung, Entfaltung, Höhepunkt, Ausklingen und Vergehen wahren muß, um nicht Schaden an Leib und Seele zu nehmen. Zu diesem Schaden gehört unter anderem das Aufhalten von Emotionen, die nicht zum Abklingen gebracht wurden, auf der Reizschwelle zum Unbewußten.

Schädlich ist auch das zu schnelle Wechseln eines Themas oder einer Darbietung. Man möchte – vor allem ist dies bei Kindern festzustellen – immer wieder zum Ausgangspunkt zurückkehren, wenn der Ablauf einer Erzählung oder Vorstellung zuwenig Zeit zum inneren Nachvollziehen läßt. Der Rhythmus von Wiederholungen bewirkt nicht nur Beruhigung der Nerven und Entspannung, sondern führt auch zur Konzentration und Harmonisierung eines gestörten Gleichgewichts.

Denken wir an das Herzensgebet, das so lange wiederholt werden soll, bis es seine heilende Wirkung ausströmt; an die Reden des Buddha, die gleiche Worte im gleichen rhythmischen Ablauf wiederholen; oder an die tibetischen Mantras in ihrem Gleichklang.

Der dem Menschen eigene Rhythmus ist uns kaum noch nachvollziehbar, und wir müssen durch Atemübungen erst wieder lernen, wie wir uns in diesen einschwingen.

Wir sind dem Natürlichen auch in anderen Bereichen entfremdet und machen uns die Natur auf eine Weise untertan, die nicht mehr im Zusammenhang mit der Urordnung oder dem Schöpferwillen Gottes steht. Wir haben kein Gespür mehr für das Heile, das in der vom Menschen nicht manipulierten Natur bewahrt ist, und müssen eine Wissenschaft der Ökologie erlernen, um mit dem Verstand das verlorene Gefühl der Naturverbundenheit zu ersetzen, das Tier und Pflanze instinkthaft zu eigen ist.

Die Naturfrömmigkeit der Frühzeit ist auf unserer Bewußtseinsstufe zur Durchsichtigkeit des transzendenten Hintergrundes im natürlichen Vordergründigen geworden. Wir können uns nicht mehr auf den ursprünglichen Instinkt verlassen, sondern müssen unser Bewußtsein vertiefen, um das Natürliche zum Werkzeug des Geistigen zu machen. Wie fern uns noch eine solche Ganzheitlichkeit ist, mag uns ein kleines Beispiel zeigen:

Wir beschäftigen uns mit größter Intensität mit dem, was wir essen, und Bücher wie Illustrierte sind voll von Anweisungen, Rezepten, Kuren für eine richtige Ernährung. Ganz abgesehen davon, daß immer neue Untersuchungen auf diesem Gebiet zu anderen Ergebnissen führen und die vorausgegangenen Weisungen umstoßen, ist diese Überbetonung des Leiblichen ein völliger Trugschluß, da es nicht um das Essen oder Trinken an sich geht, sondern um den einzelnen Menschen, der die Nahrung zu sich nimmt. Dieser aber kann nicht nach allgemeinen Rezepten behandelt werden.

Zum leiblichen Wohlergehen bedarf es nicht nur der Sorge um den Körper. Nach Worten Jesu macht „nicht, was in den Mund eingeht, den Menschen unrein, sondern was aus dem Mund hervorgeht, das macht unrein“; und weiter heißt es: „Begreift ihr nicht, daß alles, was in den

Mund eingeht, in den Magen wandert und auf natürliche Weise ausgeschieden wird? Was aber aus dem Mund hervorgeht, kommt aus dem Herzen, und das macht den Menschen unrein." Zu diesen Unreinheiten zählt Jesus „die schlechten Eingebungen und Pläne: Mord, Ehebruch, Unzucht, Diebstahl, falsches Zeugnis" (Mt. 15).

Würde die Sorge um den Körper allein genügen, um uns heil zu machen, dann gäbe es nicht die vielen Krankheiten, die leib-seelischen Ursprungs sind, und es gäbe nicht den Streß, der in der Natur unbekannt ist, doch vorwiegend zum Ausdruck unserer Zeit geworden ist.

Streß entsteht nicht nur aus Überanstrengung, Druck, Belastung oder Spannung, sondern auch aus dem Verlangen, sich von der Zeit nicht überholen zu lassen und immer das Beste und Neueste zu erreichen und zu besitzen. „Das Beste" gibt es nur im Bereich der technischen Produktion und Reklame. Aber auch diese wird überholt und wieder der Neuerung bedürftig gemacht.

Im Raum des Menschseins existiert nur das Gute, und dieses ist voller Unzulänglichkeiten und Fehler, weil „Gott allein gut ist" (Mt. 19,17). Wenn wir auch hier wieder einen Satz aus dem Evangelium einfügen, geschieht dies aus der Überzeugung, daß Vergängliches und Vorübergehendes dem steten Wechsel unterworfen sind und nicht der Orientierungspunkt und die Richtschnur für wahrhaft Gültiges sein können.

Die Schöpfung ist kein toter Mechanismus, der nach irdischer Vorstellung manipuliert werden kann, sondern sie trägt den Keim der geistigen Entwicklung in sich, der sich nur in Offenheit und Freiheit entfaltet. Aber dazu bedarf es der Zeit.

Das Gefühl, keine Zeit zu haben, ist mehr psychologisch bedingt als tatsächlich vorhanden. Denn für Gemeinschaftsveranstaltungen, für Sport, sensationelle Ereignisse oder Zerstreuungen hat man Zeit. Zu Entscheidungen aber, zur Besinnung, zum Übernehmen von Verantwortungen und zu einer persönlichen Begegnung fehlt sie uns. Der Grund hierfür ist der Wunsch, Problemen auszuweichen und nicht im persönlichen Bereich gefordert zu werden.

Durch Ausweichen vor Forderungen oder mitmenschlichen Problemen entziehen wir uns gern der Verantwortung und legen Kritik und Schuld über Fehlentwicklungen oder Ausartungen auf Institutionen und Organisationen, auf Staat, Gesellschaft oder Kirche. Dabei wird übersehen, daß jeder von uns zu diesen gehört, wenn er sich nicht selbst bewußt ausschaltet und damit das Recht an Kritik oder Teilnahme verliert, und daher auch Verantwortung an ihrem Versagen trägt.

Der Einwand, daß es dem einzelnen nicht möglich ist, etwas zu verändern, wenn er nicht zu den Verantwortlichen gehört, ist ein Irrtum. Stehen wir tatsächlich an keinem Platz, an dem unsere Meinung etwas gilt – wenn wir überhaupt den Mut haben, sie auszusprechen –, dann bleibt noch immer die Verpflichtung, die Probleme und Fragen im eigenen Umkreis und in uns selbst zu bewältigen. Und es erhebt sich die Frage, ob es uns nicht aufgegeben ist, Gegenkräfte in unserem inneren Bereich zu erwecken, die das kommende Geschehen mit persönlichem und verantwortlichem Leben erfüllen.

Altwerden ohne Angst

Vor meinem dreißigsten Lebensjahr dachte ich mit Angst und Trauer an das Älterwerden. Ich nahm wehmutsvollen Abschied von der Jugend, die ich damals für das Lebenswerteste und Schönste in der Welt hielt. Da zeigte mir ein Freund eine verwitterte, breit sich ausladende Eiche mit einem schweren, gekrümmten Stamm und fragte mich, ob ich diesen Baum häßlicher fände als einen jungen Nachbarstamm, dessen Äste sich noch wenig entfaltet hatten und der noch nicht gezeichnet war von Wucht und Reife des Alters. Und ich verstand. Ich hatte Angst gehabt vor dem Leben, in dem nicht mehr Charme und Temperament der Jugend ausschlaggebend sind, in dem man nicht nur spielend und erwartungsvoll, mit Hoffnungen und Wünschen erfüllt, in die Zukunft hineinträumt, sondern Kampf, Leiden und Arbeit unsere Züge prägen. Ich erkannte, daß es jenseits der Jugend darauf ankommt, sich den Aufgaben und Stürmen des Lebens zu stellen, die eigenen Kräfte zu erproben und die persönliche Lebensform zu finden.

Wir unterscheiden drei Zyklen des Lebens: Kindheit und Jugend, bewußte Reifung durch persönliche Gestaltung und die Zeit des Alterns. Wenn der Höhepunkt des Lebens überschritten ist, beginnt die letzte Phase. Kämpfe sind ausgefochten, Ziele erreicht oder aufgegeben worden,

Erwartung, Freude, Leid und Enttäuschungen haben ihre Spuren hinterlassen.

Voltaire sagte einmal: „Wer nicht den Geist seines Alters hat, erfährt nur seine Unbill.“ Ich frage mich oft, wenn ich die auf Schein-Jugend zurechtgemachten Frauen sehe oder die Bemerkung höre, eine Mutter sei die beste Freundin ihrer Kinder, wieso denn ein solches Jungbleiben so erstrebenswert und faszinierend ist, warum der Mensch sich nicht jener Ordnung einreihen will, die der Schöpfung auch in Tag und Nacht, Erblühen und Vergehen und in den Jahreszeiten mit unerbittlicher Konsequenz zugrunde liegt.

Sicher ist es nicht immer leicht, den Übergang von der einen Jahreszeit des Lebens zur anderen auf rechte Weise zu vollziehen und keinen Abschnitt zu verzögern oder zu überspringen. Ein jeder hat seine Freuden und seine Leiden. Aber auch wenn der Mensch mit fünfzig Jahren sich heute noch ganz jung und frisch fühlt, so sollte er doch nicht vergessen, daß die Kurve seines natürlichen Lebens abwärts geht. Das bedeutet nicht, daß er sich im Altwerden müde und erschöpft fühlen und von Genuß und Schönheit des Lebens zurückziehen sollte. Doch muß er alles auf eine andere Weise empfinden als in seiner Jugend. Nur wenn der Rhythmus der verschiedenen Lebenszeiten mit all ihren Besonderheiten richtig ausgetragen wurde, vermag sich im Alter der Lebenskreis harmonisch zu schließen.

Jeder neue Lebensabschnitt bedeutet Abschiednehmen von etwas Vertrautem, vielleicht auch Liebgewordenem und verlangt oft Verzicht und Opfer. Das Neue muß bejaht und bewußt geleistet werden. Meist bäumen sich an solchem Übergang die Kräfte des Vergehenden noch einmal in ihrer ganzen Mächtigkeit auf als Zeichen, wie sehr der Mensch dazu neigt, Erworbenes und Gesichertes festzuhalten, wie groß die Versuchung für ihn ist, ein Vorwärtsschreiten zum Unbekannten, Ungesicherten hin aufzuhalten. Doch wenn er stehenbleibt und zurückblickt, kann er für immer seine schöpferische Aktivität verlieren oder in ein Nichts fallen. Was nicht in die Bewegung aufgenommen wird, stagniert oder verkümmert. Es wird der Starre des Todes übergeben.

Wünsche und Erwartungen der Vergangenheit steigen noch einmal an der Schwelle des Alters auf, so wie es immer geschieht, daß das Lockende und Verführende ungerufen, gleichsam von selbst da ist, während das Verwandelte, das Neu-zu-Beginnende erst durch bewußte Entscheidung herbeigerufen und erarbeitet werden muß.

Je jugendlicher und vitaler man sich fühlt, um so schwerer wird es sein, dem Altwerden entgegenzugehen und den Übergang zu leisten. Ein Altwerden aus Müdigkeit und Erschöpfung, vielleicht auch aus Verzweiflung und Hoffnungslosigkeit ist depressive Resignation und langsamer Verfall. Ebenso wie sich im Winter das Erwachen neuer Lebenskeime in der Natur vorbereitet, müssen auch die Kräfte des alternden Menschen eine neue Lebensphase einleiten.

Es ist eine schwere Entscheidung, das Altwerden zu bejahen, wenn jugendliche Kräfte noch unverbraucht sind. Doch nicht aus Müdigkeit und Gleichgültigkeit sollte man alt werden, sondern aus einer innerlich mit aller Kraft bejahten Umstellung. Und darum sollte diese Hinwendung zum Alter nicht zu spät beginnen. Das fünfzigste Jahr mag hierfür das geeignete sein, das meist ein Jahr vieler Verzichte und Enttäuschungen ist. Siebenmal sieben stellt den Menschen an das Ende eines wichtigen Zyklus. Der Inder würde sagen, nun sind die sieben Körper in die Wirksamkeit getreten, die den ganzen Menschen ausmachen, nun sind ihm vom triebhaften bis zum höchsten Zustand alle Stufen der menschlichen Entwicklung eingeprägt.

Wie oft aber beginnen in diesem Jahr der Wende die unerfüllten Wünsche wieder lebendig zu werden. Mit sechzig ist solchen Träumen und Erwartungen dann endgültig ein Ende zu setzen, will der Mensch nicht infantil und unbelehrbar bleiben. Sicherlich ist das natürliche Lebensalter heute im allgemeinen länger als früher, da Medizin, Schönheitsmittel, Körperpflege und gesündere Lebensweise das Ihre tun, um über das Altwerden hinwegzutäuschen. Und doch müssen sich die Lebenskräfte innerlich umstellen. Der Mensch darf ihnen die Möglichkeit hierzu nicht nehmen. Ist man ehrlich mit sich selbst, dann muß man sich auch zugeben, daß man nun müder und spannungsloser wird, daß es größerer Willensanstrengung und intensiveren Einsatzes bedarf, seine Aufgaben zu bewältigen und nicht gleichgültig zu werden.

Für den Mann mag das Älterwerden leichter sein als für die Frau, weil er sich eher mit einem Hobby beschäftigen kann und meist technische Voraussetzungen für eigenes Basteln besitzt. Ihn wird auch die Politik interessieren, und er wird das Zeitgeschehen verfolgen. Solange er noch über genügend Kräfte verfügt, kann er sich im Garten betätigen und damit kreative Fähigkeiten einsetzen.

Hierin liegt vielleicht das Wesentlichste des Altwerdens, daß man nicht mechanisch etwas ausführt oder wehmütig seinen Erinnerungen nachhängt, sondern daß man dem Strom des sich immer verändernden Lebens einbezogen bleibt.

Die Frau wird dies erfahren, wenn sie sich mit ihren Enkeln beschäftigt und sich für ihr Denken und Tun interessiert, nicht belastet von einer Verantwortung, die den freien Austausch erschweren würde. Und doch ist die Großmutter heute nicht mehr eingebaut in die Familie und kommt nur zu Besuch, so daß sie nichts anderes als Teilabschnitte oder „präparierte" Vorgänge erfährt. Nach ihrer Meinung und ihrem Rat werden die Älteren kaum noch gefragt, und ihr ständiges „zu meiner Zeit" wird als lästige Einmischung und sinnlose Wichtigtuerei abgetan.

Es gibt nichts Traurigeres, als alte Menschen in Seniorenheimen herumschleichen zu sehen – anders kann man es gar nicht ausdrücken. Sie nörgeln an vielen Dingen herum, machen aus kleinen Anlässen wichtige Ereignisse und können sich über nichts mehr freuen, obwohl ihnen manche Anregungen gegeben werden. Dabei könnten alte Menschen durch Freude an der Natur, durch das Beobachten des Wachsens und Entfaltens einer Blume, durch nachklingendes Vernehmen einer Melodie, eines Wortes oder Bildes, auch in noch so einfachen Malversuchen und Farbspielen den kleinen Docht des vergehenden Lebens am Glühen erhalten, damit sie nicht in dumpfer Aktionslosigkeit dahinvegetieren, bis der letzte Augenblick gekommen ist.

Auch Bücher können zu unentbehrlichen Freunden des alternden Menschen werden. Ich erinnere mich an einen älteren Mann, der in der Nazizeit seine hohe Stellung aufgeben mußte und mit wenig Vermögen ins Ausland emigrierte. Seine Zeit verbrachte er mit dem Lesen einer vielbändigen Goetheausgabe, und niemals hörte ich ein Wort der Klage über seine beschränkten Verhältnisse oder über das Schicksal, das er erleiden mußte. Er war von einer Ausgeglichenheit und Zufriedenheit, die einer inneren Weisheit entsprang.

Auch Menschen, die wenig Anregungen von außen erhalten, können einen wenn auch noch so geringen kreativen Akt in sich vollziehen, wenn sie aus Ereignissen und Erlebnissen der Vergangenheit neue Erkenntnisse gewinnen, Fixiertes entspannen und aufarbeiten, was die Gefühle blockiert. Ein solcher Vorsatz kann schon einen kleinen schöpferischen Impuls wecken.

Das Altwerden ist ein Prozeß der Wandlung. Er fällt nicht schwer, wenn man seine Jugend und die Zeit der Reife bewußt gelebt hat. Das schlimmste aber ist, wenn Menschen nicht verstehen, ihr Leben zu erfüllen, sondern nur mit vielerlei auffüllen. Dann kommt im Alter das Ressentiment, die Sehnsucht nach dem nicht Gelebten und Erlebten, der Neid auf das, was andere noch besitzen und genießen können.

Ich habe den Eindruck, daß die meisten Menschen deshalb so sehr leiden, weil sie nicht sich selbst verwirklichen mit all ihren Anlagen und Möglichkeiten, sondern jener andere sein wollen, von dem sie träumen, oder weil sie die Fülle ihrer Intensität nur auf einen Gegenstand, einen Menschen, eine Erfüllung richten und ihren Blick wie gebannt dorthin fixieren. Damit verstellen sie sich alle anderen Möglichkeiten und Aussichten und nehmen die Freuden und Erfüllungen, die im Bereich des Erreichbaren liegen, nicht wahr.

Häufig macht uns die festgelegte Erwartung auf ein ganz bestimmtes Ziel zu achtlosen Empfängern kostbarer Gaben und nimmt uns jede Dankbarkeit und Freude. Dagegen gibt es ein aktives Warten, ein tätiges Erwarten, das jede Betäubung, aber auch jede Ersatz-Erfüllung ablehnt. Einer solchen Haltung wird Erfüllung gewährt, und müßte sie das Ewige selbst in die Welt herabholen. Meist aber wird die Sehnsucht auf eine viel stillere Weise befriedigt, als man erhofft, nicht wie ein Blitzstrahl, der in aller Fülle aufleuchtet, nicht als ein intensives Spüren der die

Erfüllung gewährenden Hand. Solche Antworten empfängt die Sehnsucht nur selten.

Das Reifwerden ist ein langsamer Prozeß, und der Mensch sollte auf seinem Lebensweg keine Stufe der Entwicklung auslassen. Sonst bleibt ein Rest unerfüllten Lebens zurück, etwas, das versäumt wurde oder verlorenging, weil das nicht in rechter Weise Eingesetzte, Entfaltete und Verwirklichte sich wieder zurückentwikkelt. Wer aber in der Jugend seine Impulse und Triebkräfte eingesetzt hat, wer seine Gefühle entfaltete, seelische Erfahrung sammelte und geistige Erkenntnisse gewann, wer seine Willenskräfte durch Belastungsproben erhärtet hat, wer ohne Angst vor Spannungen, Kämpfen und Leiden in Erwartung, Sehnsucht und Hoffnung vorwärtsstürmte, um die natürliche wie die geistige Welt zu erobern, wird die Reife und Besinnlichkeit des Alters finden. Er wird seine Möglichkeiten und Grenzen erkennen, seine Anlagen entwickeln, seine schöpferischen Begabungen fruchtbar einsetzen und seine Schwächen zu überwinden oder zu kompensieren suchen.

Das Ziel eines jeden Lebens ist auf dessen Anfang bezogen, aber es läuft nicht zu ihm zurück. Hierbei denke ich an eine Spirale, deren kreisförmige Bewegung sich auf immer höhere Stufen schwingt. Dies bedeutet zugleich Freiheit wie Bescheidung: Bescheidung, weil man dem Gesetz, nach dem man angetreten ist, nicht zu entfliehen vermag; Freiheit, weil man den Raum des Gegebenen überhöhen, nach allen Seiten hin ausschreiten und an den Aufgaben reifen und wachsen kann.

Immer wiederholen sich die gleichen Probleme und Schicksalsfragen, bis sie gelöst oder sublimiert werden. Je näher wir dem Tode kommen, um so weniger ungestillte Erwartungen und ungelöste Probleme, unerfüllte Hoffnungen, Träume und Wünsche sollten wir noch in uns tragen. Darum ist es nötig, an Wendepunkten des Lebens anzuhalten und sich darauf zu besinnen, wie viele Erwartungen und Forderungen noch rechtmäßig und erfüllbar sind. Dann ist das Altwerden leichter zu vollziehen, und unnötiger Ballast wird rechtzeitig abgeworfen. Jede gewonnene und innerlich gereifte Erkenntnis kann das Leben ändern und vertiefen. Was nicht mehr in die Breite geht, kann in die Tiefen hinabloten.

Nur wenige Menschen bewältigen das Problem des Altwerdens, weil sie das Alter schon in ihre Jugend miteingeschlossen haben: im positiven Sinn wie Mozart, dessen spielerische Leichtigkeit und vollendete Grazie die Weisheit des Alters in sich trug; im negativen Sinn etwa wie Baudelaire, der Vorläufer des Existentialismus, dessen düstere, nihilistische Jugend vom Grauen der Auflösung und des Todes gezeichnet war. Das aber sind Ausnahmen. Im allgemeinen ist für jeden das Altwerden Weg und Aufgabe zu innerlichem Wachsen und Reifen, selbst dann noch, wenn der Körper an Kraft und Schönheit abnimmt und das Leben sich seinem Ende nähert.

Das fruchtbare Wachstum eines alternden Menschen bedeutet zwar nicht mehr Zunahme und Ausweitung, sondern ist ein nach innen gerichteter Prozeß. Es wachsen die Gegensätze zu harmonischer Ergänzung zusammen, die ins Außen geschleuderten und um die Oberfläche kreisenden Kräfte werden gesammelt und wieder ins Zentrum hineingenommen; das in die Vielfalt Ausgefaltete wird zum Einfältigen, das Flüchtige zum Wesentlichen zurückgeführt. Eine klare Einstellung des Menschen löst sich aus den vielen Möglichkeiten der früheren Jahre ab, eine innere Stille läßt sich nun nicht mehr vom Lärm des Getriebes und von den Reizen der Außenwelt übertönen.

Im Alter braucht der Mensch nicht mehr falsche Rücksichten zu nehmen. Er muß nicht mehr Erfolg und Bestätigung im Außen suchen, sondern kann die Ernte seines Lebens einsammeln. Die Jugend strebt nach Weite und Entfaltung, braucht immer neue Anregungen und Erfahrungen. Der Alternde aber nimmt das Erlebte und Erfahrene in sein Wesen hinein und prüft es auf Wert und Unwert, auf Wahrhaftigkeit und Lüge. Das ihm nicht mehr Gemäße muß er dabei mit unerbittlicher Ehrlichkeit zurücklassen.

Noch eine andere sehr wichtige Aufgabe ist mit dem Altwerden verbunden, gegen die der Mensch sich in den meisten Fällen wehrt, weil sie mit Verzicht und Leiden verbunden ist und einer ständigen Übung bedarf: Ich meine, daß der alternde Mensch seine Projektionen, die Inhalte seines eigenen Wesens, die er in andere hineingelegt hat, wieder zurückholen muß. Dieser Prozeß führt, wenn man Mühen und Leiden, oft auch eine fast hoffnungslose innere Leere überwunden hat, zum Wachstum seelischer Kräfte und einer inneren Bereicherung.

Es ist ein Geschenk, eine Gnade, wenn man auf einem schwer zu erkämpfenden Wege zum Einklang mit sich selbst gekommen ist, gleichsam die eine Persönlichkeit wird, als die man gedacht ist und die man durch viele zweite und dritte Teil-Wesen, zu denen man hat werden wollen, verdeckte. Nun aber geben innere Ruhe und Erfülltheit den Erfahrungen einen viel dichteren Gehalt und viel klarere Umrisse. Auch lockert sich das Gewicht der Schicksalsverflochtenheit, und man spürt eine Leichtigkeit, fast Freude, weil man nichts mehr krampfhaft dem Prozeß der Verwandlung entzieht, sondern sich dem Kommenden überläßt.

Anstatt sich vor dem Altwerden zu fürchten und es

durch künstliche Mittel zeitlich so weit wie möglich zurückzudrängen, sollte man ihm voller Vertrauen entgegengehen.

Eine solche Einstellung kann nur aus innerer Gelassenheit bewußt vollzogen werden. Denn sie fordert einen aktiven Entscheid und darf nicht nur eine Reaktion auf die fortschreitenden Jahre sein. Da der Mensch heute im allgemeinen viel zuviel aus Reaktionen lebt und auf Reize und Anregungen der Außenwelt antwortet, begnügt er sich mit dem, was ihm das Alter bringt oder von ihm fordert, und prägt ihm nicht seine persönlichen Züge auf. Er gestaltet den Weg zu ihm nicht dem eigenen Wesen entsprechend. Und doch lotet bewußtes Altern seine Lebenserfahrung tiefer in den Seinsgrund hinab als alles Wissen und Erfahren der Jugend und strahlt Weisheit und Gleichmut aus.

Solches Strahlen erlebte ich bei der Begegnung mit einer altgewordenen großen Schauspielerin. Ich hatte sie früher auf der Bühne gesehen – dieses faszinierende, lasterhafte, zynisch verführende Mädchen mit den roten Haaren und der schillernden Zwielichtigkeit, das den „Erdgeist" von Wedekind oder den „Puck" im Sommernachtstraum spielte. Nun war sie eine alte, gütige, weise Frau geworden und noch immer von einer vibrierenden inneren Beseeltheit und einer still ausglühenden Leuchtkraft.

Ich erinnere mich noch an eine andere Schauspielerin, die als alternde Frau auf der Bühne stand – Mutter eines schwerkranken Sohnes, dem sie das von ihm erbetene Gift gab, um ihn von seinen Qualen zu erlösen. Mit einer stillen Größe und Leidenskraft nahm sie die Schuld auf sich, und man verstand durch die Haltung dieser Frau, daß Liebe Freiheit und zugleich Opfer ist und sich jedem konventionellen Maßstab und logischen Urteil entzieht.

Es gab und gibt unter altenden oder alten Frauen oft faszinierende Gestalten, deren Strahlungskraft verbunden ist mit einem Hauch von mitleidvoller Überlegenheit, die nichts Hochmütiges hat, sondern von der Vergänglichkeit aller Träume und Erwartungen, aber auch aller materiellen Wünsche und ehrgeizigen Ansprüche weiß, die das Leben der Jugend bestimmen.

Ahnten die Frauen, wieviel Freude solches Alter trotz aller Entsagung und allen Opfers noch geben kann und welches Gefühl echter Gelassenheit und nicht mehr begehrender Zuwendung es auszulösen vermag, dann würden sie nicht eine Jugend verewigen wollen, die ihnen nicht mehr zusteht, die sie nur innerlich auf einer höheren Stufe neu gewinnen können, wenn sie sich der Verwandlung anheimgeben.

Es gehört zu der inneren Trägheit des heutigen Menschen, daß er nicht an sich arbeiten und sich nicht ändern will, daß er die Jugend, deren Freuden ihm zufielen, bewahren möchte, um nicht das Altwerden, das geleistet werden muß, auf sich zu nehmen und zu erlernen. Vielleicht liegt es aber auch an den Führenden der heutigen Zeit, daß sie gar nicht mehr vorleben und lehren, was Altwerden ist, sondern sich an den Wünschen der Jugend orientieren und den Prozeß des Altwerdens nur mechanisch zu erleichtern suchen durch Versicherungsrenten, Wohlfahrtsmaßnahmen und Altersheime, die als Seniorenheime einen besseren Klang gewinnen sollen.

Im Alter geht es nicht mehr darum, weitere Eindrücke zu sammeln und neue Anregungen aufzunehmen, sondern aus dem Empfangenen und Erreichten ein Ganzheitliches zu schaffen. Ich meine damit nicht, daß der Mensch jemals vollendet und in sich geschlossen sein kann. Immer wird eine Lücke offenbleiben, in die jene Kraft sich ergießen kann, die allein die harmonische Einheitlichkeit zu geben und die menschliche Unzulänglichkeit über das irdische Leben hinaus auszufüllen vermag. In der Bescheidung des Altwerdens aber soll das Nebensächliche abgestoßen und der Kern, auch wenn er viel kleiner ist als das schmückende Beiwerk – oft auch Feuerwerk –, herausgeschält werden.

In einem solchen Bewußtseinsakt liegt noch eine intensive Dynamik, und diese ist das Wesentlichste, was sich der alte Mensch erhalten sollte. Wenn er immer stärker fixiert wird und wie eine Grammophonnadel in einer Rille steckenbleibt und weiterdreht auf der gleichen Rinne, aus der sie nicht mehr herauskommt, dann ist es für den Menschen eine trostlose Erstarrung und für seine Umgebung ein quälendes Ausgelaugtwerden. Um so lebendiger sind etwa die Initiativen älterer Menschen, die Kinder beaufsichtigen oder sich in einem Team zusammenfinden und für andere Arbeiten übernehmen.

Wenn das Leben sich zum Ende neigt, sollten die Ansprüche auf eigene Befriedigungen und die Forderungen nach der Hilfe anderer vergehen. Dann wird man dankbar, wenn man für seine Umwelt dasein kann und noch gebraucht wird. Die Umwelt werden kaum noch die Kinder und Enkelkinder sein, aber hier erweist sich die Gültigkeit des Satzes, daß unser Nächster derjenige ist, der – auch im Altersheim – unserer Hilfe bedarf. Man kann als alternder Mensch die Treue im Kleinen üben und auch geringe Dienste tun, wenn sie von Herzen kommen. Das bedeutet keine Verengung, auch keine Erniedrigung, sondern ist eine Konzentrierung auf das Wesentliche.

Es bedarf einer großen Anstrengung und auch einer leidvollen Entsagung, wenn man durch Verzicht auf verschiedenste Möglichkeiten nur noch einer Richtung und Aufgabe folgt und dieser nicht ausweicht. Man wird durch solchen Verzicht kleiner, enger, bescheidener, aber auch klarer und gesammelter. In solcher Konzentrierung findet der Mensch sich selbst und konfrontiert sich mit seinen Möglichkeiten und Unzulänglichkeiten. Ein Mensch kann noch so talentiert und bedeutend, noch so weit gespannt und begabt sein, nicht seine Leistungen und irdischen Erfolge, sondern er selbst als Mensch muß sich im Alter und Sterben beweisen.

Wenn ich die Klarheit einer Herbstlandschaft betrachte, in der alles viel näher zusammenrückt und in leuchtender Gesammeltheit erscheint, dann weiß ich, daß der Sinn des Alterns die Erhellung des inneren Wesens, das Hervortreten des personalen Kerns ist. Das kann unmöglich das Anliegen der Jugend sein, die nach immer neuen Anregungen, nach Weite und Entfaltung drängt. Je breiter und vielseitiger der Mensch angelegt ist, um so länger wird es dauern, bis er seine Mitte gefunden hat; wenn er aber nur sehr eng und begrenzt in seinen Begabungen und Möglichkeiten ist, dann muß er diese vertiefen, um nicht kleinlich und unbeweglich zu werden.

Jedem Menschen sind Drang und Sehnsucht eingeboren, sich zu übersteigen, während das Tier an seinem So-Sein Genüge hat. Heute aber entwickelt sich die Jugend nicht nur durch Entfaltung ihrer eigenen Anlagen, sondern auch durch Teilhabe an den Entdeckungen und Entwicklungen ihrer Umwelt. Sie benutzt ohne eigene Anstrengung alles, was andere für sie bereitstellen. Hier liegt die Gefahr einer inneren Trägheit den eigenen Möglichkeiten gegenüber. Denn diese müßten in einem dynamischen Vollzug zu dem vom Kollektiven Übernommenen noch ein ganz Persönliches hinzufügen. Erst dieses Persönliche führt zur inneren Reife und zur Steigerung der eigenen seelischen wie geistigen Kräfte.

Für die heutige Frau liegt im Altwerden neben der eigenen persönlichen Entwicklung auch eine große Möglichkeit, die der Welt des Mannes zugute kommen kann. Solange sie jung ist, wird sie noch ihren Träumen nachhängen, die für sie mehr im Bereich der Liebe liegen als im Außen, selbst dann, wenn sie Stellung und Macht in der Welt erlangt hat. Denn im tiefsten Grund findet sie ihre Bestätigung doch nur in der Anerkennung und Hinwendung des Mannes und in ihrer Liebe zu den Kindern.

Die Weisheit der alternden Frau hat längst, um der wahren Liebe willen, Träume und falsche Erwartungen aufgegeben. Sie fordert nichts mehr von dem Mann, dessen Kräfte durch den Beruf und das Angespanntsein in der äußeren Welt erschöpft sind. Sie gibt den Kindern den Weg frei, auch wenn diese viel zu früh ihre Selbständigkeit zur Eroberung der Welt verlangen. Sie vermag in Geduld und mit offenem Herzen zu warten und ein wenig lächelnd dem Treiben der in Zweckhaftigkeit und Selbstsucht verstrickten Menschen zuzuschauen. Denn sie weiß um das allein Gültige und Wesentliche, das in ganz anderen Bereichen liegt.

Wir leben in einer Zeit, in der sich die äußeren Formen auflösen und die einst festgefügten Ordnungen zusammenbrechen, und haben noch nicht den Blick frei für das Neue, Kommende. So stehen wir auf der Schwelle zwischen dem Nicht-Mehr und dem Noch-Nicht. Dieser Zustand der Ungewißheit muß ausgetragen werden. Die meisten weichen dieser Aufgabe aus. Ich glaube, daß die vielen äußeren Sicherheiten, die jeder anstrebt, die Flucht in Betäubungen und Betriebsamkeit, vielleicht auch die meist sehr frühzeitig geschlossenen Freundschaften ein Versuch sind, diesem schwer ertragbaren Zustand eines völlig ungesicherten Daseins zu entgehen.

Aber auch die natürliche Bindung zweier Menschen vermag aus dieser Unsicherheit nicht zu erlösen. Denn im geschlechtlichen Bereich bleiben Mann und Frau zutiefst einsam. Rilke drückt diese Tragik aus, wenn er sagt, daß in der Ehe „zwei Einsamkeiten einander schützen, grenzen und grüßen". Man könnte dieses Wort auch auf die erotisch-seelische Beziehung zweier Menschen anwenden, denn auch bei ihnen wird die Spannung nur selten von einer beide überhöhenden und einenden Ganzheitlichkeit überbrückt.

Probleme und Spannungen reißen die Tiefen auf. Der Mensch wird bis in den Grund hinein aufgebrochen. Positiv mag hierbei sein, daß auch falsche Erwartungen, Illusionen, Lügen und Ersatzlösungen aufgedeckt werden. Die das Leben mißachtenden Kräfte der Technik aber vermögen nicht das Aufgebrochene und Aufgewühlte neu zu ordnen, die Abgründe aufzufüllen und in den verwundeten Lebensgrund neue Geborgenheit und heilendes Vertrauen hineinzulegen.

Die Ordnungen der Welt waren im Altertum von Gott, im Mittelalter vom Menschen bestimmt. Könnte es sein, daß heute das Leben selbst diese von der Ratio verkehrte Ordnung wiederherzustellen sucht?

Das Denken bedarf trotz aller fortschrittlichen Ideen und Planungen zu seiner Sicherung der Beweise und Experimente. Man kann wissenschaftlich nur erkennen, was festgelegt ist, was mithin zum Objekt von Forschung und Untersuchung wurde. Durch solches Objektivieren und Erforschen wird auch das Gegenwärtige zum Vergangenen, Erstarrenden. Das Lebendige aber ist immer im Werden und im Umbruch. Es läßt sich nicht in Theorien und Schemata einfangen. So ist in der Gefühlswelt niemals etwas vergangen, erstarrt und tot, weil es in ihr kein Vergessen gibt. Im Herzen wird das Lebendige erinnert und bleibt immer Gegenwart. Wie sehr der Mensch heute von solch liebendem Erinnern entfernt ist, beweist unter vielem anderen, daß er das Leben meist nur aus zweiter Hand empfängt und bewahrt, in der Fotografie, im Film, im Fernsehen oder auf dem Tonband. Hier wird es mechanisch aufbewahrt, in seiner Bewegung angehalten und „eingefroren".

Der Mensch, der das Leben konservieren will, hat dem Tod schon Vollmacht gegeben über die Dynamik seines Lebens, an deren Stelle Angst vor Verlust und Ungesichertheit treten. Nur wer durch eigene Initiative und Besinnung Zugang zu den wahren Werten des Lebens findet, wird die Sicherheit und Geborgenheit erfahren, die aus dem Vertrauen zum Leben erwächst.

In unserer Zeit technischer Leistungen ist es nicht leicht, einen Menschen nach seinen inneren Werten zu bemessen und nicht nach seinen Handlungen und seinem Nutzwert für die Allgemeinheit. Viele stehen trotz materieller Erfolge heute einsam und hoffnungslos vor der Sinnlosigkeit ihres Lebens und einem Trümmerhaufen von unerfüllten Wünschen. Und doch gibt es genügend Möglichkeiten, sich nützlich zu erweisen und durch Hilfe für andere selbst Trost und Sinn zu finden. Auch noch in einem unerträglichen Leiden kann ein Sinn liegen, wenn der Kranke seine Schmerzen ohne Verbitterung erduldet und durchträgt.

Um dies zu vollbringen, müssen wir das Leben vom Tod aus zu begreifen suchen und fragen, was der Mensch für den Wert seines Lebens hält und was ihm Sterben und Tod bedeuten. Aus drei verschiedenen Kulturkreisen wollen wir versuchen, Antworten hierauf zu finden. Zeitweilig werden sie sich überschneiden oder sich ineinanderfügen, da nach dem Wissen von C. G. Jung nichts aus unseren unbewußten Schichten verlorengeht, sondern das Vergangene Fundament des Neuen bleibt oder von diesem integriert wird.

Die Todesbetrachtung frühgeschichtlicher Völker entstammt dem Eingebundensein aller Gegensätze, also auch der Pole von Leben und Tod, in den rhythmischen Kreislauf des Kosmos, in dem Werden und Vergehen sich ablösen. Im Mythos von Osiris wird dies deutlich. Der ägyptische Gott Osiris wird von seinem Bruder getötet, und die zerstückelten Teile seines Leichnams werden ins Meer geworfen. Isis erbarmt sich des Ermordeten, sammelt seine Gebeine und erweckt Osiris zu neuem Leben.

In einer entsprechenden Symbolik der Fruchtbarkeit kehrt Persephone die Hälfte des Jahres aus der Todeswelt des Hades zur Erde zurück, damit die Natur neu erblüht und das Leben den Tod besiegt.

Solche Mythen sind tiefgründige Aussagen über Leben und Tod in der Naturfrömmigkeit der frühen Völker, während das Paradies der Mohammedaner mit seinen schönen Huris und köstlichen Genüssen ebenso wie Walhall mit seinen Ehren und Freuden für die gefallenen Helden nur dem irdischen Leben entnommen ist.

Mythische Aussagen suchen Unfaßbares in einen begreifbaren Ausdruck zu kleiden und dem nicht mehr Vorstellbaren Gestalt zu geben. Darum sind sie bis in unsere Zeiten hinein noch wirksame und bewirkende Darstellungen einer inneren Wirklichkeit. Auch heute noch fühlen sich naturfromme Menschen eingebunden in die kosmische Einheit von Gott, Natur und Mensch, doch nicht in den unmittelbaren Zusammenhang von Werden und Vergehen. So schreibt Hölderlin, der sich dem Kosmos in seiner Schönheit und Lebensfreude erneut zu vereinen und in höchster Ekstase sich zu den Himmlischen zu erheben suchte, in seinem „Hyperion“: „Weißt du, warum ich nie den Tod geachtet? Ich fühl in mir ein Leben, das kein Tod geschaffen und kein Sterblicher gezeugt hat. Und darum, weil ich anfangslos mich fühle, darum glaube ich auch, daß ich endlos, daß ich unsterblich bin ... Ich frage nicht, was ich sein werde. Zu sein, zu leben, das ist genug, das ist die Ehre der Götter. Eins zu sein mit allem, das ist Leben der Gottheit.“

Die All-Einheit mit den Himmlischen zu leben, die das gesonderte Menschsein in die Herrlichkeit des Kosmos aufnehmen, den kleinen Lebensdocht am heiligen Feuer zu entzünden war auch die Sehnsucht eines anderen Dichters des 19. Jahrhunderts: Stefan Georges. Als er der göttlichen Schönheit und Lauterkeit in dem Jüngling Maximin begegnete, dichtete er:

„Nicht verzög're, nicht verdamme!
Dir gehör' ich, nimm und fordre,
Daß ich fliehe, daß ich lodre
Ganz in deiner weißen Flamme.“

Die Sehnsucht nach kosmischer All-Einigkeit wie das Ich-Vergessen im ekstatischen Feuer der Liebe können das Leben des bewußt gewordenen mündigen Menschen nicht mehr erfüllen. So wurde Hölderlin von den „Himmlischen“ verstoßen in die Umnachtung des Geistes; Stefan George verlor den Bund der ihm Gleichen und starb als ein großer Einsamer, den das Feuer der Sehnsucht verzehrt hatte.

Lebenspol und Todespol schließen sich nicht mehr in der Welt, in der die Gegensätze aus ihrer urtümlichen Einheit auseinandergebrochen sind. Nicht mehr in ewigem Kreislauf verbinden sich Werden und Vergehen; eine geradlinige Folge reiht Jugend an Reife und Alter. Ein Zustand löst den anderen ab, und zwischen Vergangenheit und Zukunft liegt der Raum der Gegenwart.

Wie makaber ein in der Vergangenheit fixiertes Leben auf die Gegenwart wirken kann, ist mir noch heute deutlich, wenn ich an eine alte Frau zurückdenke. Sie hatte in ihrer Jugend drei Kinder bald nach der Geburt verloren, diese aber so stark in ihr weiteres Leben mit hineingenommen, daß sie die Kosenamen aus der Babyzeit beibehielt. Sie waren in ihrem damaligen Alter stehengeblieben. Inzwischen wären es erwachsene Menschen geworden, aber die Eingeschlossenheit in ihrer Vergangenheit sog die Lebenskraft der Mutter auf. Ein Todeshauch lag auf dieser Frau, und ihre Hände rafften zusammen und gaben nichts frei. Das unbewegliche „es war einmal" hatte Besitz über ihr Leben genommen und sie an Todesschatten gebunden.

In der Bewußtseinsstruktur des rational denkenden Menschen verbinden sich die Phasen von Jugend, Reife und Alter in einer Linie von Geburt bis zum Tode. Auf dieser Entwicklungslinie stellen sich Fragen und Probleme, die dem Menschen der mythischen Frühzeit noch fremd und unwesentlich waren: Fragen nach Woher, Warum und Wozu. Wir können solchen Fragen aus dem Kulturbereich des Fernen Ostens eine Antwort geben, die auch dem Abendländer verständlich ist. Sie kreisen um das Karma, das Gesetz von Ursache und Wirkung.

Es gibt ein Tibetanisches Totenbuch etwa aus dem 11. Jahrhundert. In ihm wird nicht nur das Sterben aufgezeigt als folgerichtige Konsequenz des Lebens, sondern dem Sterbenden auch das Leben nach dem Tod mit seinen Folgen und Auswirkungen beschrieben. Es heißt darin: „So wie der Mensch gelebt, was er getan oder unterlassen hat, wie er nach seinen Neigungen lebte und nach seinem

Denken bestimmte, so werden die Auswirkungen in seinem Tode sich vollziehen."

Nach dem Gesetz von Ursache und Wirkung müssen die Konsequenzen des Lebens getragen werden, bis jede Spur von Lebenswillen und Lebensdurst sich ausgewirkt hat. Das Karma – wir würden Schicksal sagen – bildet einen ernsthaften Lösungsversuch für die Erkenntnis des Guten und Schlechten in unserem Leben und ist verstandesmäßig zu begreifen. In logischer Weise wird hier eine Antwort auf die Frage nach Schuld und Strafe, nach Sinn und Gerechtigkeit gegeben, und der Tod wird in eine folgerichtige Beziehung zum persönlichen Leben gestellt. Der Mensch bewirkt durch seine Gedanken und Gefühle, durch seine Handlungen und Reaktionen sein Todesgeschick wie auch sein künftiges Leben. Dies findet erst seine endgültige Befreiung, wenn der Mensch an nichts mehr haftet und keine Bindungen oder Wünsche ihn zu einem neuen Leben zurückdrängen.

Das Tibetanische Totenbuch verweist auf keine höheren kosmischen Bezüge, in denen ein göttliches Urteil gesprochen wird oder ein höherer Wille das irdische Leben beurteilt. Der Buddhismus setzt keinen Gott voraus, sondern zeigt die Zustände nach dem Sterben, die Folgen sind von Handlungen aus vergangenen Daseinsformen.

Für den bewußten, rational denkenden Menschen ist es folgerichtig, daß keine Energie, kein Impuls zugrunde geht, sondern daß diese weiterwirken und nach Gestaltung drängen. Er kann verstehen, daß sein Verhalten in der Welt Schicksal bewirkt und Reaktionen auslöst, daß er mit seinem Denken und Tun Zeit und Art des Todes ebenso vorbereitet wie den Zustand, der diesem folgt.

Deshalb mag es ihm eine Befriedigung sein, daß ihn nur trifft, was er selbst verursacht hat. Es mag ihn auch beruhigen, wenn er im Leiden und Sterben des anderen die Folgen begangener Schuld erblickt. Die Frage nach der Gerechtigkeit empfängt eine befriedigende Lösung, und es bedarf keiner übersinnlichen Vorgänge oder Glaubensakte, um Ursache und Wirkung eines oft unfaßbaren Geschehens zu erkennen.

Verständlich wird nach solcher Auffassung der Gedanke, den Rilke im „Malte Laurids Brigge" ausspricht: „O Herr, gib jedem seinen eigenen Tod." So starb Friedrich der Große, der verschlossene, verbitterte, harte König, einen einsamen Tod in Zucht und Härte, so wurde der verhaßte Mörder der Französischen Revolution, Robespierre, selbst hingerichtet. Heine, der ironische Spötter, wurde von Paralyse befallen, und Nietzsche, der den Übermenschen verherrlichte, stürzte in das Nichts der Umnachtung.

Nach dem Gesetz von Ursache und Wirkung überwand eine unheimliche Krankheit den unseligen Dämon Napoleons und war sein gnadenloses bitteres Ende die Antwort auf sein kaltes machtbesessenes Leben. Ebenso folgerichtig starb Kleist, der sich sein Leben lang vergeblich nach Freiheit und Liebe gesehnt hatte, einen freien Tod in der Gemeinsamkeit mit einer Frau, die ihm im Leben wenig bedeutet hatte.

Der Tod der Menschen verliert an Tragik, wenn er nur als Folge des Lebens betrachtet wird. Denn dann ist tatsächlich der Mensch seines Todes Gestalter, und es zeigt sich in seinem Sterben, wer er im Grunde war, und nicht, was er hatte sein wollen.

Vielleicht lotet der Tod den Wesensgrund eines Menschen erst in seiner Tiefe ganz aus, wie es ein Rabbi in die Worte faßte, die er seiner Frau vor dem Sterben bekannte: „Jetzt weiß ich, warum ich gelebt habe. Das Tiefste habe ich erst jetzt erreicht." Das ist die letzte Antwort eines Menschen, der den eigenen Tod bis zum Ende in sein Leben einbezogen hat.

Über den folgerichtigen Tod, der dem Leben entspricht und seine endgültige Aussage ist, geht die christliche Todesbetrachtung hinaus. Sie zeigt eine Art des Sterbens, die nicht mehr am persönlichen Leben gemessen werden kann. Nach der christlichen Offenbarung enthüllt sich im Tod Gottes alleinige Verfügbarkeit über den Menschen und bleibt im Geheimnis verschlossen, das sich dem Sterbenden nicht enthüllt.

In dieser dritten Weise der Todesbetrachtung ist der Tod menschlichem Erfassen und Denken nicht mehr zugeordnet und erhält durch Christi Tod seinen alles Persönliche überhöhenden Aspekt und Sinn. So schrieb der Kirchenvater Ignatius in seinem Brief an die Epheser: „Da Gott sich menschlich offenbarte zu neuem Leben ... kam alles in Bewegung, denn es galt die Auflösung des Todes", und hier beginnt die Unverfügbarkeit des Menschen, das Mysterium des Glaubens.

Gehen wir zurück zum Alter, und stellen wir es in Zusammenhang mit Sterben und Tod. Die Erfahrung der letzten Lebensstufen ist die wichtigste und muß ernster genommen werden als die vorhergehenden. Denn sie geht mit untrüglicher Sicherheit auf den Tod zu. Und „niemand darf um seinen Tod betrogen werden", ist der Ausspruch des evangelischen Kirchenhistorikers Holl.

Das Alter ist die letzte Periode des Lebens, nicht ein angehängtes Restgeschehen. „Es gibt eine Zeit des Entstehens und eine Zeit des Sterbens", sagt der Prediger Salomon, und im 19. Psalm heißt es: „Lehre uns bedenken, daß wir sterben müssen." Man muß sich selbst vorbereiten und einüben auf diese unerbittliche und unausweichliche Todesgrenze. Dies ist ein ganz persönlicher Akt und Vollzug.

Aber es gibt viele kleine Schwellen, die schon früh den Übergang zum Tod vorbereiten; Leid, Schuld und Angst, die sich wie eine Mauer vor uns aufrichten und die wir nicht durchbrechen können. Wer vor einer solchen undurchdringlichen Mauer steht, kann auf zweierlei Weise reagieren: einmal aufgeben und sich zurückziehen, so daß der Lebensfluß erstarrt, oder das Wagnis eingehen – und es ist ein Wagnis und verlangt Mut –, nicht mehr an die Mauer in wilder Verzweiflung anzurennen, sondern tiefer in sich hinunterzuloten, so tief, daß das Hintergründige im Vordergründigen aufleuchtet, bis sich der Raum entgrenzt.

Eine Ahnung von dieser Wandlung habe ich vor dem Einschlafen in einer Narkose erlebt. Zu jener Zeit gab es noch nicht die Betäubungsmittel, die übergangslos in den Tiefschlaf hineinführen, sondern das Tropfen des Äthers war zu hören, und erst dann kam das völlige Schweigen. Bei einer solchen Einschläferung erlebte ich, wie sich der Raum ausbreitete und entgrenzte, bis es keine Zimmerwand mehr gab und nur noch ein Laut in diesem raum- und zeitlosen Raum stand, der immer tiefer in mich drang, bis die große Stille kam, die keine Gegenwart, keine Vergangenheit und keine Zukunft mehr hatte.

Solche Erfahrungen sind sicher auch Drogensüchtigen bekannt. Aber für mich war es die Erfahrung einer Raum- und Zeitlosigkeit, die mich später, aus der Erinnerung heraus, verstehen ließ, daß es einen Zustand gibt, in dem keiner unserer Raumbegriffe mehr gültig ist und auch keine Zeit existiert, so daß ich die Wirklichkeit der Worte von Angelus Silesius verstand: „Die Zeit wird hier zum Nu."

Nach einer solchen Erfahrung bekommt der Tod ein anderes Gesicht. Hierüber kann man nicht mit dialektischen Ausdrücken sprechen und Erklärungen geben, aber das eine ist und bleibt wichtig: Es gibt für Leben und Tod, von einem nicht materiell fixierten Standpunkt aus gesehen, andere Maßstäbe als die uns geläufigen. Angesichts des Todes fallen die Dinge in anderer Weise zusammen. Ohne an dieses Geheimnis rühren zu wollen, möchte ich an den Satz von Jakob Böhme erinnern, der das Zusammenwirken von Leben und Tod beschreibt: „Wer nicht stirbt, ehe er stirbt, der verdirbt, ehe er stirbt", und an ein Wort des Dichters Angelus Silesius: „Mensch, stirbst du nicht gern, so willst du nicht dein Leben. Das Leben wird dir nicht als durch den Tod gegeben."

Vier Jahre vor seinem Tod schreibt Dostojewskij in den „Brüdern Karamasow": „Mein Leben geht zu Ende. Ich weiß und fühle es. Doch mit jedem neigenden Tag spüre ich auch, wie mein irdisches Leben übergeht in ein neues, unendliches, unbekanntes zukünftiges Leben, dessen Vorgefühl meine Seele vor Entzücken erzittern läßt, meinen Geist erleuchtet, mein Herz vor Freude weinen macht."

Wir können solche Worte mit dem Verstand hören, vielleicht auch bedenken, wir können sie gefühlsmäßig anklingen lassen oder auch gar nicht beachten. Aber wer sie in sich hineinnimmt, wird vieles anders sehen. Nicht weil sich Ereignisse, Ansichten, Interessen, Überlegungen oder Gedanken verändern, sondern weil wir uns verändern. Und diese Wandlung beginnt, sobald wir den Tod in unser Leben hineinnehmen.

Der kleinste Handgriff für einen anderen bis hin zum höchsten Ausdruck der Liebe, die geringste Arbeit bis hinauf zum höchsten Erfolg bekommen ein anderes Gesicht. Wie ich etwas tue, wird wichtig, nicht, was ich mache, und die Frage, wer ich bin, drängt das, was ich bin, in den Hintergrund. Mein eigener Tod wird nun viel existentieller. Martin Luther drückt dies mit den Worten aus: „Wir sind alle zum Tode gefordert, und wird keiner für den anderen sterben, sondern ein jeglicher in eigener Person muß geharnischt und gerüstet sein, für sich selbst mit dem Teufel und dem Tod zu kämpfen."

Wenn in diesem Satz der Teufel miteinbezogen ist, dann ist hier der Ort, an dem der Christ nicht an dem Tod Jesu Christi vorbeikommen kann. Denn nur von seinem Leben und Sterben aus kann Luthers Satz weitergeführt werden: „Hölle, wo ist dein Stachel, Teufel, wo ist dein Sieg?" Oder wie es Bonhoeffer formulierte, als er von der Liebe Gottes zu den Menschen in seinem Sterben spricht: „Kreuz und Nachfolge, aber eben darin Leben und Auferstehen."

Bonhoeffers letzte Worte vor der Hinrichtung wandten sich an das Leben: „Das ist das Ende, für mich der Beginn des Lebens", und in den apokryphen Johannesakten steht: „Stirb, damit du lebst."

Ebenso wie bis zum Alter hin das Sterben mit in das Leben hineingenommen werden sollte, muß auch das Leben sein letztes Wort dem Tode sagen. Der Sterbende muß seinen Tod bejahen. Erst dann hat er sein Leben ganz erfüllt, und er hat viele Möglichkeiten, sich schon vor dem Sterben die Frage zu stellen, wie er seinen Tod vollziehen und zu dem machen kann, zu dem ihn sein Leben vorbereitet hat.

Junge Menschen halten den Tod möglichst weit von sich fern. Dies gehört zu den vielen Weisen der heutigen Entfremdung, die uns von der Wirklichkeit abziehen. Eine härtere Wirklichkeit aber als die Unerbittlichkeit des Todes ist kaum denkbar. Er tritt mit Sicherheit ein und ist nicht manipulierbar. Und wenn wir uns nicht auf Alter und Tod vorbereiten, erfüllen uns beide unser Leben lang mit Angst und Sorge.

Der Mensch hat im Gegensatz zum Tier keine spezialisierten Greif- oder Fluchtorgane für seinen Schutz, und die technischen Vollkommenheiten, die er erfunden hat, die Sicherungen, die eine soziale Gesellschaft ihm zu gewähren vermag, können ihn letztendlich vor den Fährnissen und Katastrophen des Lebens nicht bewahren und ihm im Kampf und Haß der Menschen gegeneinander keine Hilfe und Geborgenheit geben. Das ist der Grund unserer Angst und Sorgen.

Als ein Wesen zwischen Himmel und Erde entbehrt der Mensch die Möglichkeiten natürlicher Gesichertheit, doch auf der anderen Seite verfügt er noch nicht über die Geborgenheit aus seiner geistigen Überlegenheit. Zu dieser gehört das „Rüstzeug“ und der „Harnisch“, das heißt Vertrauen zu Gott und Glaube an seinen Schutz. So steht der heutige Mensch in einem Vakuum, das seine Glaubenslosigkeit nicht füllen und seine naturwissenschaftlichen Kenntnisse nicht überbrücken können.

Angst und Sorgen gehören zum Menschen, und er kann sie selbst im Alter nicht bewältigen; auch dann nicht, wenn er weniger am Besitz hängt, wenn seine Wünsche nachlassen, seine Familie nicht mehr des Schutzes bedarf und viele Nichtigkeiten fortfallen. Jetzt treten andere Ängste in den Vordergrund: das Leben der Kinder und Enkelkinder, die Hinterlassenschaften, die noch unerledigten Entscheidungen oder auch ganz belanglose Dinge. Was immer es sei, Angst und Sorgen sind nicht vergangen. Man hat die Chance nicht wahrgenommen, die das Alter bietet –

das Freiwerden vom Unwichtigen und die Besinnung auf das Wesentliche.

Mir fällt ein Bild ein, wenn es auch nur eine vage Ähnlichkeit hat mit dem, was ich andeuten möchte. Jeder Mensch hat neben seiner Aufgabe auch den Ort angewiesen bekommen, an dem er sie erfüllen soll. Oft aber vergißt er diesen und stellt sich anderswo hin, wo er mehr Auswirkungsmöglichkeiten und Chancen der Entfaltung und des Erfolgs zu haben meint. Doch wenn wir den uns zubestimmten Ort verlassen, vernehmen wir nicht, was gerade an diesem Ort und zu dieser uns zugemessenen Zeit von uns gefordert wird.

Bis in sein Alter hinein, kann der Mensch auch den Ort seiner Herzensmitte verfehlen, den keine Unruhe und keine Angst berührt. In der Herzensmitte spricht Gott zum Menschen. Im Hinhorchen wird er frei von seinen Sorgen. Auch Fragen werden in der Stille des Herzens Antwort finden, wenn auch oft in anderer Form als erwartet. Im Rückblick erst erkennen wir, wie sicher unser Leben geführt und wie im Augenblick der Anwesenheit und Ruhe die rechte Antwort gegeben wurde. Aber uns fehlten Geduld und Langmut, auf sie zu warten oder Gottes Fingerzeige und Hinweise des Schicksals zu verstehen.

Wenn wir daran glauben, daß wir mit bestimmten Anlagen geboren wurden und zu dieser Veranlagung auch unser Schicksal gehört, dann müssen wir annehmen, daß das Ertragen und Gestalten des Schicksals auch miteingeschlossen ist in unsere von Natur gegebenen Anlagen. Das Rettende wächst – nach Hölderlin – dort, wo Gefahr ist, oder wie es Paracelsus ausdrückt: Jedem Gift ist das Gegengift mitgegeben. Und wir könnten weiter fortfahren: In jeder Frage ist auch die Antwort enthalten. So birgt die Frage nach den Mühen und Härten des Alltags vielleicht auch die Antwort in sich, daß Gott uns im Altwerden und Abbauen des Nebensächlichen die Zeit schenkt, um dem Abgrund des Nichts noch ein Ja zum Leben abzuringen und der Liebe einen, wenn auch noch so kleinen Raum zu geben.

Wenn wir von der Weisheit des Alters sprechen, dann meinen wir vor allem das rechte Maßhalten. Unnötige Wünsche, verlockende Reize, Wunschträume, Sehnsucht nach Erfolg und Ansehen können im Alter abgebaut, und egoistische Forderungen können vermindert werden. Man erkennt die Vergänglichkeit des Irdischen, und die Sehnsucht nach materiellem Genuß wird einer metaphysischen Sehnsucht weichen. Wer das Alleinsein im Alter erfährt, wird dankbar dem noch Gebliebenen sich zuwenden, weil er erkannt hat, wie schmerzhaft die Einsamkeit ist und daß es ein nie wiedergutzumachendes Versagen in der Liebe gibt.

Auch Angst und Sorgen vergehen, die mit dem Erfolg und Wohlbehagen in der Welt zusammenhängen, und man braucht sich weniger zu behaupten und zu verteidigen, weil viele Lebensbereiche ausgeklammert werden können, die früher der Abwehr oder Verteidigung bedurften. Wenn ein Ausgleich zwischen Wollen und Können, Trieb und Disziplin, materiellem Verlangen und geistigen Interessen stattgefunden hat und man sich darauf besinnt, was im Alter noch lebenswert ist, dann werden die Spannungen fortfallen, die mit Aggression, Neid oder Unzufriedenheit gefüllt sind.

Von seiner geistigen Dimension her ist der Mensch auf Offenheit, Freiheit, Grenzenlosigkeit angelegt, aber er kann seine Natur, die ihn an Triebimpulse, an die Verantwortung für die Welt, an äußere Ereignisse und an den Mitmenschen bindet, nicht von sich loslösen oder aufheben. In dieser Spannung lebt er, und je älter er wird, um so geringer wird der Ausgleich sein zwischen dem Habenwollen und dem Nicht-mehr-verarbeiten-Können. Vielleicht werden die Forderungen und der Besitzwille durch Altersdepression noch verstärkt. Aber einmal kommt die Grenze für jedes Leben, und der Mensch muß sich der Wandlung überlassen, die an ihm geschieht. Diese Hingabe ist, wie es eine Klosterfrau ausdrückte, das große Abenteuer des Lebens.

Wir können dieses Abenteuer nicht ermessen und noch viel weniger beschreiben. Wir wissen nicht, was Gott vor der Todesschwelle zurückläßt und was er in die Verwandlung hineinnimmt. Wir kennen sein Gericht nicht und können uns auch nicht die Unermeßlichkeit seiner Liebe vorstellen.

Auch ist uns nicht erfaßbar, wieviel wir noch leiden müssen, ehe der Tod uns erlöst – besser gesagt: bis Gott uns durch den Tod in die Erlösung nimmt. Da an der Todesgrenze nichts mehr von dem Gültigkeit hat, was uns bekannt und gewohnt ist, werden nicht nur das von uns Vollbrachte und Geleistete und das in der irdischen Erscheinung sichtbar Gewordene in die Wandlung hineingenommen, sondern auch das Erlittene und Durchgetragene, das Ersehnte, Erhoffte und Erbetene, das Schwache und die fehlgeschlagenen Versuche, die eigene Unzulänglichkeit zu übersteigen. Wer dieses Geheimnis lüften will oder Gottes Liebe anzweifelt, wenn der Schmerz des Sterbens übermächtig wird, wird mit Gewißheit nichts bewirken.

Wir werden seit einiger Zeit mit Berichten von Menschen überflutet, die aus einem klinisch festgestellten Tod wieder ins Leben zurückgebracht wurden. Eine Erklärung für dieses „Wunder“ mag sein, daß es heute Möglichkeiten der Wiederbelebung gibt, die zuvor unbekannt waren. Zum anderen kann es sich um parapsychologische Phänomene handeln oder um die Hoffnung, der Tod könne dem sinnlos gewordenen Leben einen neuen Sinn geben.

Die Offenheit für den Tod und die Berichte über Lichterlebnisse, über Gefühle von Frieden und Ganzheit und eine liebevolle personale Hilfe, das Gefühl der Schwerelosigkeit und der Freiheit von Leid und Belastungen könnten aber auch Illusionen sein und trotz ihres angeblichen und von Wissenschaftlern nachweisbaren Wahrheitsgehaltes nichts anderes bedeuten als den Versuch, das Geheimnis des Todes zu durchdringen und das Unfaßbare mit den uns zur Verfügung stehenden Mitteln zu bewältigen oder zu verstehen. Somit verlöre der Tod seine Würde und seinen unerbittlichen Ernst.

Was immer dieses Überschreiten der klinischen Todesgrenze bedeuten mag, solcher Tod verniedlicht den Kreuzestod Jesu und seinen Schmerzensschrei. Wenn die Sonne beim Tod Jesu ihren Schein verlor und der Vorhang des Tempels mitten entzweiriß, dann war dieser Tod der Beginn eines vollkommen Neuen und nicht ein Zwischenzustand oder dem Menschen noch faßbarer Übergang.

Es ist keine Schwarzmalerei, auch kein Heraufbeschwören von Angst und Schuldgefühlen, wenn wir den Tod und seine Größe nicht verkleinern oder verniedlichen. Er bleibt in seiner Unaufhebbarkeit eine Schranke, die nicht zu durchbrechen ist, es sei denn im Glauben an die Auferstehung. Die Tendenz unserer Zeit, das Sterben und Leben nicht ernst zu nehmen und in seinen Tiefen auszuloten, führt zu der Konsequenz, daß auch der Mensch seinen Mitmenschen nicht mehr ernst nimmt.

In diesem Verfall des Menschlichen gäbe es für den alternden Menschen die große Chance, mit allen ihm zur Verfügung stehenden Mitteln seine eigene Menschenwürde zu bewahren. Dies kann in vielen Bereichen geschehen, angefangen von einer freiwilligen Disziplin, sich nicht gehenzulassen, bis hin zum Dank für das, was ihm geboten wird, vom Bejahen der Schönheit inmitten von Häßlichkeit und Schmutz bis zum würdevollen Ertragen seiner Leiden.

Zu dieser Würde des Menschlichen gehört auch die Freiheit des einzelnen, sich nicht als Funktion entwürdigen zu lassen, um ein biologisches Dasein weiterzuführen, oder sich noch so verzweiflungsvoll an das vergehende Leben zu klammern, als wäre der Abgrund und das Nichts seine letzte Chance.

Wer dem Wort der Bibel vertraut, daß wir hier „keine bleibende Statt haben", wird auch das Alter und das Sterben durchsichtig machen. In diesem Vertrauen wird die Angst des Altwerdens vergehen. Die Verheißung aus der Offenbarung: „Siehe, ich mache alles neu", prägt schon dort ihre Vorzeichen ein, wo der alternde Mensch mehr ist als seine irdische Zerbrechlichkeit und sein mühevolles Dahinsiechen.

Unversehrtes Leben

Im Leben wie im Tod ist der Mensch Gott ausgeliefert und kann ihm nicht entfliehen. Wenn er sich dem Leben verweigert und es nicht mehr in der Hoffnung auf das Ewige, Unvergängliche entfaltet und verströmt, handelt er gegen das dynamische Sein des Schöpfungswerkes. Nach dem Mythos der Genesis atmete Gott seinen Odem dem Erdklumpen ein, und der Mensch wurde eine „lebendige Seele". Ziel und Höhepunkt der Schöpfung ist der Mensch. Gott segnete ihn und umgab ihn mit der Herrlichkeit des Paradieses, mit aller Freude, aller Seligkeit und mit der Vielfalt an Schönheit und Genuß.

In der Mitte des Paradieses standen zwei Bäume, die nach jüdischer Tradition die Vorder- und Rückseite eines einzigen Baumes waren. Beide, der Baum des Lebens und der Baum der Erkenntnis, befanden sich im Blickfeld des Menschen, Zeichen seiner Möglichkeiten. Der Bereich des ewigen Lebens war ganz und unverstellt dem Menschen geöffnet. Er hätte das unsterbliche Leben für immer genießen dürfen. Nicht wie Pflanze und Tier war er an eine feste Naturordnung gebunden, sondern er hatte mit der Ebenbildlichkeit auch die Freiheit empfangen, die ihn über die reine Kreatürlichkeit erhob.

Ob er diese für oder gegen das Leben und im Sinne Gottes verwenden würde, mußte er selbst entscheiden und verantworten, und so stand neben dem Lebensbaum der Baum, der die Frucht der Erkenntnis von Gutem und Bösem trug. Ohne Unterscheidung und Entscheidung kann der Wille zum Gutsein nicht erprobt und bezeugt werden. Ein solcher Wunsch wäre unglaubwürdig und die Verwirklichung des Guten selbstverständlich und ohne Beweiskraft. Gott hatte deshalb über den Baum der Erkenntnis ein Gebot der Entscheidung gelegt. Der Mensch sollte nicht von seiner Frucht essen und die Erkenntnis des Guten und Bösen erlangen. Ein Übertreten dieses Gebotes bedeutete Tod. So erfuhr der Mensch zum erstenmal von Leben und Tod und daß er zwischen ihnen entscheiden konnte. Sein Leben, das ihm so selbstverständlich war wie der Atem, wurde von diesem Augenblick an in Frage gestellt. Noch einmal wiederholt sich diese Notwendigkeit einer Entscheidung im fünften Buch Moses, als Gott zu seinem Volk sprach: „Ich habe euch Leben und Tod, Segen und Fluch vorgelegt, daß du – und dies ist ganz personal für den einzelnen Menschen gemeint – das Leben wählest und du und dein Same leben mögen."

Im mythischen Symbol hat der Mensch gewählt und im Ungehorsam gegen Gottes Wort die Frucht vom Baum der Erkenntnis des Guten und Bösen genommen. Die erste Folge auf diese selbständige Handlung waren Mißtrauen, Angst und Verrat. Das Weib mißtraute der Schlange. Mann und Männin versteckten sich aus Angst vor Gott. Und Adam wälzte die Schuld ab auf das Weib – wie dieses auf die Schlange. Das Leben war in seiner Einheit und Unschuld auseinandergebrochen, und Mann und Frau machten sich Schurze aus Feigenblättern, weil sie ihre Gesondertheit erkannten.

Die Erkenntnis des Guten und Bösen beschränkt sich nicht auf einen bestimmten Aspekt des menschlichen Lebens, auf das Wissen, Fühlen oder Tun, sondern es ist der Verlust der vollkommenen Liebe und die Abspaltung vom einheitlichen Sein. Leben und Lieben gehören untrennbar zusammen. Als Gott erkannte, daß die Einsamkeit des Lebens nicht gut für den Menschen war, schuf er ihm die Gehilfin – nicht ein Wesen, das ihm gleich war oder eines neuen Schöpfungsaktes bedurfte, sondern er baute es aus der Rippe Adams, ganz sein eigen, ihm zugehörend, und er brachte die Gehilfin zu ihm. Eine behutsame Zuwendung, eine hautnahe Zärtlichkeit voller Seligkeit. In glücklichem Entzücken sprach der Mensch: „Das ist doch Bein von meinem Bein und Fleisch von meinem Fleisch. Man wird sie Männin nennen, darum daß sie vom Manne genommen ist.“

Dieser Name ist nicht Auftrag und Bestimmung des Geschöpfes wie die Namensnennung der Tiere. Er bezeichnet auch nicht den Hoheitsanspruch des Menschen, sich untertan zu machen, was er mit Namen zu rufen vermag. Reine Freude, seliges Beschenktsein lag im Glück Adams, die Einheit in der Begegnung zu erfahren. Die Sehnsucht, nicht mehr allein zu sein, hatte sich erfüllt. Das unteilbare Wesen, das von urher dem Menschen als Ebenbild Gottes eingefügt war, trat als Mann und Männin in die leibliche Erscheinung und wurde von Gott selbst in der Ganzheitlichkeit des Lebens und der Liebe wieder zusammengeschlossen. Als Zeichen dieser Zusammengehörigkeit benannte Adam das Weib nicht mit einem eigenen Namen, sondern mit dem Namen ihrer Zugehörigkeit zu ihm – Männin, ein Teil seines göttlichen Ursprungs.

Es gab keine Trennung zwischen ihnen, nicht das geringste Zeichen einer Zweisamkeit, kein „und“ schloß sie voneinander ab. Adam spricht nicht von meinem Bein und deinem Bein, von meinem Fleisch und deinem Fleisch, von

Mann und Männin, sondern nennt die Gehilfin Fleisch von meinem Fleisch, Bein von meinem Bein, Männin vom Mann genommen. Die Vereinigung beider ist so einmalig und durchgreifend, daß sie Vater und Mutter verlassen, damit sie, wie es die Genesis aussagt, in ihrem Urdrang ein Fleisch werden.

Auf einem Kuppelmosaik in der Vorhalle des Domes von San Marco in Venedig wird die Erschaffung des Weibes und ihr Zurückführen zum Manne dargestellt. Gott öffnet die Seite Adams und schließt sie wieder, nachdem er aus dessen Rippe die Frau gebaut hatte. Adam liegt in tiefem Schlaf, dem Schöpfergott in weiblicher Hingabe preisgegeben. Das Weib aber nimmt aufrecht stehend die Haltung des Mannes an und ist bereit, von Gott wieder zu ihm zurückgeführt zu werden.

Wenn das Bild von Mann und Männin als Zeichen der Ehe sakramentalen Charakter empfängt, so mag dies nur für die Ehe gelten, die tatsächlich „im Himmel" durch Gottes Hand geschlossen ist. Ohne Gottes Einbeziehung fehlt ihr die Kraft der Treue und das Vertrauen der Unauflösbarkeit. Dieses wurde schon im Paradies offenbar. Die Erkenntnis des Guten und Bösen hatte das Urpaar wissend gemacht und ihm die Möglichkeit gegeben, sein Angewiesensein aufeinander in Frage zu stellen. Wie hätte sonst die „Schlange" mit dem Weib allein sprechen und ihre Freude und Lust von Adam fort auf die Frucht lenken können. Daß die Frau die Versuchung weitertrug und die Frucht dem Manne gab, läßt beide unabhängig voneinander werden und sich zu ihrem selbständigen Wollen und Tun entscheiden.

Gott machte dieses Geschehen nicht rückgängig, da er den Menschen in die Freiheit und über das rein Kreatürliche hinausgestellt hatte. Aber er verbannte den Menschen aus dem Umkreis des Lebensbaumes und vertrieb ihn in eine andere Lebensphase, in der die Erkenntnis des Guten und Bösen auch das Wissen um Leben und Tod einschloß. Den Bereich der Erkenntnis konnte Gott dem Menschen nicht mehr versagen, aber er konnte ihm verwehren, die Hand nach dem Baum des Lebens auszustrekken, damit er nicht „esse und lebe ewiglich".

Die Fernhaltung vom Baum des Lebens bedeutet, daß der Mensch auf Erden nicht mehr umgeben ist von der Fülle der Schönheit und Harmonie, von der Geborgenheit in Gottes Umfassung und von der Unsterblichkeit. Unversehrt blieb der Baum des Lebens in der Mitte des Paradieses, aber der Mensch hatte nicht mehr teil an ihm, da er seine Frucht nicht essen durfte. Doch er behielt auch nach der Vertreibung aus dem Paradies das Wissen um die Unsterblichkeit in sich als verzehrende Sehnsucht. Darum nannte Adam sein Weib Eva, Mutter des Lebendigen, als Trotz gegen Gott, der ihn verstieß, oder als Auflehnung gegen die Erkenntnis, daß er in seinem Zustand des Zwiespaltes niemals mehr das ewige Leben in seiner Ungeteiltheit zurückgewinnen würde. Der Mensch wurde aus der Einheit des vollkommenen Lebens vertrieben. Ein heiler Lebenskreis schloß sich für immer vor ihm. Der Tod trat an die Seite des Lebens, das er nun führte.

Die Erkenntnis aber war ihm geblieben. So kann er auf Erden sein Wissen immer mehr entfalten, seine Forschungen weiterentwickeln, seine technischen Leistungen steigern und nach seinem Willen in das Leben der Natur und des Mitmenschen eingreifen und es manipulieren. Immer aber wird die Todesgrenze bleiben, und die Vergänglichkeit wird seine Pläne und Ziele zerstören, seine Wünsche und Leistungen vernichten. Was der Mensch von der Zukunft erwartet, was er fordert und verlangt, errechnet und erdenkt, wie er sich entscheidet und nach welchen Zielen er seine Hand ausstreckt, alles wird nur ein Unvollkommenes, Vorläufiges und Vergängliches sein. Ewiger Bestand und Erfüllung des Ersehnten, Unsterblichkeit, Angstlosigkeit und Vertrauen in heiler Geborgenheit liegen nicht mehr im Kraftfeld und in der Verfügungsmöglichkeit des Menschen, dessen Dasein sich in der begrenzten Spanne zwischen Geburt und Tod vollzieht.

Die Zukunft jenseits des raum-zeitlichen Lebens ist dem Menschen verstellt. Sie liegt in der Ewigkeit. Doch im Glauben an das ewige Leben verliert der Tod Angst und Schrecken. Dann wird er zu einem Hinweis und einer Mahnung, daß Leiden und Sterben sinnvoll ertragen werden können, wenn sie Vorbereitungen sind für einen neuen Zugang zum Leben, über das Gott wacht und das er beschützt.

Dieses ewige Leben kann in die Unsterblichkeit hineinnehmen, was im Ertragen, im Opfer, in der Annahme und Hingabe, in der Hoffnung und Liebe – und im Glauben, daß Gott stärker ist als der Tod – schon einen Hauch des Unvergänglichen trägt. Wir können auch umgekehrt sagen: Der Urdrang des menschlichen Lebens, seine Sehnsucht nach Liebe und Schöpfertum, seine Kraft, sich selbst zu übersteigen, und das unstillbare Verlangen nach der „Quelle des lebendigen Wassers“ sind Ausstrahlung und Frucht des ewigen Lebens.

Die Gleichgültigkeit und Teilnahmslosigkeit, die wir dem wirklichen Leben gegenüber haben, räumen dem Tod eine immer stärkere Bedeutung ein, und je mehr wir Gott aus unserem Sein verbannen, um so stärker leiden wir an unserer Vertreibung aus dem Paradies. Nur solange er das ewige Ziel unserer Sehnsucht ist, kann der Tod unseren Weg nicht verdunkeln. Wenn das unvergängliche Leben vor mir leuchtet, kann der Schatten des Todes es nicht überholen. Der Lebensbaum steht in der Mitte des Gottesreiches, und von ihm geht noch immer die Freude des Lebens aus, die Menschen in der Liebe empfinden oder die die Mutter spürt, die das keimende Leben in sich trägt und, wie es der Volksmund sagt, „guter Hoffnung" ist. Sie lebt auf die Hoffnung hin, in der der Schmerz des Lebens in die Schmerzlosigkeit hineingetragen wird, weil das Kind dem Urdrang des Lebens Stillung gibt.

Trotzdem hat sich das irdische Leben durch seine Abspaltung vom ewigen geschwächt und verliert immer stärker an Intensität, je mehr der Wille zur Erkenntnis fortschreitet und das unmittelbare Gefühl hinter Forschung und Technik zurücktritt. Ein wesentliches und gefährliches Zeichen hierfür ist der Eingriff in das Leben, das bei der Manipulierung der Fortpflanzung und in der künstlichen Befruchtung von Eizelle und Samen geschieht.

Noch wissen wir nichts von den Gefahren und Folgen, die mit der Geburt eines „Retortenkindes" verbunden sind, noch übersehen wir nicht die ersten Jahre seiner Entwicklung. Doch schon reden wir von dem größten Wunderwerk der Wissenschaft und von der Hoffnung, die in Hunderttausenden von Frauen durch die künstliche Befruchtung geweckt wird. Unter unseren Augen entwickelt sich die Erfüllung des uralten Traums vom künstlichen Menschen, dem Homunculus.

Sicher hat der Wissenschaftler bei den Experimenten zur Manipulation der Fortpflanzung nicht nach dem Baum des Lebens gefragt oder bedacht, ob diese Versuche dem Leben Heil oder Schaden bringen. Die Macht der Erfindung, der Drang der Forschung, der Wille nach immer neuer Erkenntnis und der Trieb, in das Geheimnis des Lebens einzudringen, haben längst ihr eigenes Gewicht bekommen und sich von der Verantwortung des Menschen gelöst.

Daß hiermit ein Zugriff zum Baum des Lebens geschieht, machen wir uns nicht klar. Dennoch ist dieser Mythos nicht Vergangenheit, sondern bleibt Gegenwart und Wirklichkeit, Ausdruck eines tiefen Geheimnisses, das sich in Worte nicht fassen läßt. Der Baum des Lebens, der im Paradies neben dem Baum der Erkenntnis stand, wurde dem Urpaar verwehrt, weil er Symbol des unsterblichen Lebens ist, das es sich verwirkt hat.

Doch ohne Beachtung des nunmehr raum-zeitlich begrenzten Daseins will die Naturwissenschaft über das Leben verfügen und es zum Ziel wissenschaftlicher Forschung machen als einen weiteren wesentlichen Fortschritt der Entwicklung. Dies formuliert ein Naturwissenschaftler in einem Bericht über die neuesten wissenschaftlichen Arbeiten an der Retortenzeugung und Veränderung der Gene in der Aussage, daß die Wissenschaft jetzt das Ihre getan habe, das übrige aber der Politik überlassen bleibe.

Die Entscheidung über das Leben wird der Politik oder der Ärzteschaft, der Soziologie, einem Team oder Kollektiv überlassen, nicht aber dem einzelnen Menschen, vor allem nicht der Frau, die als „Mutter des Lebendigen“ um das Geheimnis des Lebens wissen müßte. Wenn künstliche Befruchtung in der Retorte als eine technische Manipulation an die Stelle des Zeugungsaktes tritt und nicht die Liebe, der Urdrang des Lebens, die Sehnsucht nach der Einheit des Menschseins, dann hätte der Mensch auch durch einen natürlichen Vorgang entstehen können ohne Liebe und Gottes Allmacht.

Dem Menschen, der die These von Gottes Tod vertritt, wird diese Möglichkeit nicht erschrecken. Es wird ihm auch nicht wichtig sein, ob die Wissenschaft weiter mit der Entwicklung der künstlichen Befruchtung fortschreitet und ob es in Zukunft „Mietmütter" geben wird, die für andere das „Retortenbaby" austragen.

Vor dem Hintergrund des Schöpfungsmythos bedeutet die künstliche Vereinigung von Eizelle und Samen die Abspaltung der Befruchtung von der Freude der Trieberfüllung, den Verlust der seelischen Gemeinschaft und einen Verrat am geistigen Schöpfertum. Das Kind ist nicht mehr die Erfüllung von Mann und Frau im Wunsche, ein Fleisch zu sein, und der Mensch sucht nicht mehr in der Liebe das Leben weiterzutragen.

Schon seit langer Zeit können wir beobachten, wie Liebe und Menschlichkeit trotz aller sozialen Hilfen immer mehr aus dem Leben unserer Zeit schwinden. Die Menschen tun sich willentlich Böses an, hassen sich, foltern, töten und vergiften sich mit Angst und Lügen. Wenn in einer solchen Welt die Zeugung des Kindes nicht mehr in einem Liebesakt geschieht, dann ist das Leben entwürdigt.

Man könnte sich die Frage stellen, warum ein Ehepaar überhaupt noch nach einem Kind verlangt. Ist es wirklich die Erfüllung seines Lebens, oder ist es ein Rest von Atavismus, daß eine kinderlose Familie verfemt und gezeichnet ist? Vielleicht soll das Kind auch nur eine Hoffnung sein, die Ehe der Eltern am Scheitern zu hindern, oder ein egoistisches Verlangen der Frau, die des leiblichen Vaters weniger bedarf als seiner Zeugungskraft. Natürlich kann ein durch künstliche Befruchtung entstandenes Kind Hoffnung für Mütter sein, die ihr Schicksal der Kinderlosigkeit nicht ertragen und ein Adoptivkind ablehnen. Vielleicht ist es auch ein Kampf gegen das Unvermeidliche oder Trotz, sich mit dem Schicksal abzufinden.

Noch eine Frage erhebt sich im Zusammenhang mit dem künstlich gezeugten Kind: Was geht später einmal in dem kleinen Wesen vor, das durch Zusammenführung von Eizelle und Samen in der Retorte entstanden ist oder das in der Atmosphäre einer „Mietmutter" aufwächst, an ihren Gefühlen, Stimmungen, Erlebnissen und Aggressionen, an ihren Ängsten und Freuden teilnimmt. Oder fragen wir uns, was es für ein „Retortenbaby" bedeutet, wenn sein Dasein im Schoß einer fremden Mutter nicht von Wärme und Freude erfüllt wird, sondern sein Austragen aus materiellen Gründen geschieht.

Vielleicht machen sich viele über solche Fragen noch gar keine Gedanken, weil sie von dem neuen Wunder der Wissenschaft zu fasziniert sind und die negativen Folgen, wie bei den meisten Erfindungen, viel zu spät festgestellt oder mit der Beschwichtigung abgewertet werden, daß der einzelne gar nicht um seine Einstellung gefragt wird. Der Baum der Erkenntnis aber weist im Bilde darauf hin, daß der Mensch die Unterscheidung und Entscheidung sich selbst angeeignet hat und daß er sich nicht der Wahl des Guten und Bösen, des Lebens und des Todes entziehen kann.

Wir verrichten viele Dinge gewohnheitsmäßig und denken oder tun manches so selbstverständlich, daß wir gar nicht mehr nach Wert und Sinn fragen. Bei einer Tagung über das Problem der künstlichen Befruchtung gab es zwei Aussagen, die besonders wichtig und aufschlußreich erscheinen. Beide stammten von Feministinnen. Die eine meinte, es sei gleichgültig, ob eine Frau ihr Kind selbst austrägt, das Problem wären allein die Schmerzen und Mühsale der Schwangerschaft. Sie könne sich gut denken, daß sie „ihr Kind" einer „Mietmutter" überlasse, um mehr Bewegungsfreiheit für sich zu behalten.

Die andere emanzipierte Frau behauptete, es würden genügend Kinder aus gestörten und unglücklichen Ehen einen schwierigen Start ins Leben haben, während dieser bei einem mit Liebe und Verantwortung aufgezogenen „Retortenkind“ bessere Vorbedingungen hätte. Auch wurde die Frage angeschnitten, ob eine mögliche Auslese positiver Lebensfaktoren bei menschlicher Befruchtung getroffen werden sollte, wie dies schon bei Tierversuchen geschieht.

Nehmen wir das Bild ernst, daß Gott den Menschen vom Lebensbaum zurückhält, dann trägt das Leben, das unserer Erkenntnis und wissenschaftlichen Forschung zugänglich ist, keine Erinnerung mehr an das Ewige. Dann wird die schmerzhafte Verzweiflung über die Unvollkommenheit der Welt nicht mehr aufgehoben oder Zeichen sein, daß es jemals eine Erfüllung unseres Lebensdranges gibt. Doch nicht nur in Mythen und Märchen, in der Philosophie oder Theologie, sondern auch in uns selbst und für uns immer wieder erfahrbar ist die Gewißheit einer zukünftigen Vollendung. Und immer wächst das Leben auch aus Trümmern – in der Natur durch die kleinen Lücken der Betonmauer, im menschlichen Dasein durch Haß und Bosheit hindurch.

Wir können nicht wissen, wieso der Drang nach dem Leben so gewaltig ist, wir können auch nicht voraussehen, wie weit der Mensch das Leben noch manipulieren oder zerstören wird, aber wir können den Glauben und die Hoffnung auf das unversehrbare Leben in uns stärken selbst im Widerspruch zu allem, was als Todeskeim in die Schöpfung und in unser Herz hineingelegt wird. Noch mehr Widersinniges und Zerstörendes mag unser Leben an den Abgrund des Nichts bringen. Doch vielleicht muß dies geschehen, damit wir wieder den Urdrang nach dem heilen Leben spüren.

Es ist ein kleiner, wenn auch recht banaler Vergleich, den ich noch einfügen möchte. Wenn Autofahrer von offiziellen Stellen und den Massenmedien immer wieder darauf hingewiesen werden, zu Ferienzeiten die Autobahnen stellenweise zu meiden, dann wird dies in den seltensten Fällen geschehen. Nicht aus Widerspruch oder Unverstand, sondern aus der völlig unbelegbaren Erwartung, daß der Autostau an dem Tag, an dem man fährt, nicht so stark sein wird oder daß man nur etwas wagen, vielleicht auch Warnungen ignorieren muß, um Erfolg zu haben. Die Eisenbahn ist für solche Menschen kein Ersatz. Ganz abgesehen von den höheren Kosten, ist hierfür der Grund, daß man seine Kraft nach der langen Zeit des Eingespanntseins in den gewohnten Alltag spüren und seine Möglichkeiten ausprobieren will, auch wenn gar keine Aussicht auf Erfolg besteht.

Die Hoffnung auf etwas, das nach eigenem Ermessen nicht eintreten kann, entspricht dem Urdrang des Lebens, den man selbst aus der geschwächten menschlichen Natur nicht herauszureißen vermag, und ist eine Ahnung des inneren Gärens im Menschen. Dies ist ein oberflächlicher Vergleich, aber vielleicht verstehen wir, was ihm zugrunde liegt.

Auf der kurzen Strecke unseres Lebens von der Geburt bis zum Tode hin gibt es keine Hoffnung auf eine Zukunft, die ewiges Leben bringt. Die Zukunft, in der die Frucht des Lebensbaumes dem Menschen nicht mehr verwehrt wird, ist Gottes und steht nicht in unserer Vollmacht. Wir können sie nicht ausdenken oder beschreiben, noch weniger vorausplanen. Sie kommt aus einem Bereich jenseits der Todesgrenze, der ganz anders ist als das von uns Voraussehbare, das in unserer biologischen Entwicklung beschlossen ist. Aber wir haben im Mythos von diesem Bereich gehört, und wenn der Lebensbaum für uns Wirklichkeit bedeutet, dann können wir auf die Erfüllung warten – ein ganzes Leben lang, das vom Tode nicht begrenzt wird.

Gelassen über Jahrtausende und aber Jahrtausende hinaus bewahrt der Schöpfer des Himmels und der Erde den Baum des ewigen Lebens und mit ihm die Hoffnung des Menschen, daß er einmal an der Fülle des Unsterblichen teilhaben wird – dann, wenn das Verwesliche auferstehen wird ins Unverwesliche, die Schwachheit in Kraft und das Unansehnliche in Herrlichkeit, wie Paulus im Brief an die Korinther schreibt.

Ursula von Mangoldt
Leben aus eigener Kraft

Wie kann die Frau zu sich selbst finden

Band 705, 128 Seiten

Die moderne Frau droht in eine neue Abhängigkeit vom Mann zu geraten. Indem sie versucht, die finanzielle, juristische und berufliche Gleichstellung zu erreichen, orientiert sie sich – fast zwangsläufig – mehr und mehr an den Leitbildern des Lebens, die für die rationale Leistungswelt des Mannes charakteristisch sind. Typisch weibliche Eigenschaften und Verhaltensweisen gehen dabei verloren. Das ist die Ursache jenes stillen Leidens an der Emanzipation, das heute viele Frauen bedrückt. Sie werden einfach mit ihrer Rolle nicht mehr fertig. Das Wesen der Frau besteht aber nicht darin, zu werden wie ein Mann, sondern ihr eigenes weibliches Wesen im Beruf, in Ehe und Freundschaft und in ihrer Beziehung zur Familie zu verwirklichen. Dieses Taschenbuch ermutigt dazu, aus eigener Kraft zu leben, gerade als moderne Frau.